Korte Verhalen in het Estlands

Korte verhalen in Estlands voor beginners en gevorderden

Sofia Saar

greenthumbpublishing@gmail.com

Inhoud

Inleiding

Lezen in een vreemde taal is een van de meest effectieve manieren om uw taalvaardigheid te verbeteren en uw woordenschat uit te breiden. Toch kan het soms moeilijk zijn om boeiend leesmateriaal op een geschikt niveau te vinden dat een gevoel van prestatie en vooruitgang geeft. De meeste boeken en artikelen die voor moedertaalsprekers zijn geschreven, kunnen te lang zijn en moeilijk te begrijpen, of kunnen een woordenschat op zeer hoog niveau hebben, zodat u zich overweldigd voelt en het opgeeft. Als deze problemen bekend klinken, dan is dit boek iets voor jou!

Korte Verhalen in het Estlands is een verzameling van 25 onconventionele en onderhoudende korte verhalen die zijn ontworpen om beginnende tot gemiddeld niveau Estlands lerenden te helpen hun taalvaardigheden te verbeteren.

Deze korte verhalen creëren een ondersteunende leesomgeving door het opnemen van:

- Rijke taalkundige inhoud in verschillende genres om u te vermaken en u bloot te stellen aan een verscheidenheid van woordvormen.
- Kortere verhalen in hoofdstukken om u de voldoening te geven verhalen af te maken en snel vooruitgang te boeken.
- Teksten die op uw niveau geschreven zijn, zodat ze gemakkelijker te begrijpen zijn en niet overweldigend.
- Nederlandse vertaling op wisselende pagina's, zodat u er regel voor regel direct naar kunt verwijzen terwijl u het Estlands verhaal leest.
- De belangrijkste woordenschat staat vetgedrukt in

het hele verhaal en de vertaling, zodat u onbekende woorden gemakkelijker kunt begrijpen.

- Begrijpelijke vragen om uw begrip van belangrijke gebeurtenissen te testen en om u aan te moedigen meer in detail te lezen.

Dus of u nu uw woordenschat wilt uitbreiden, uw begrip wilt verbeteren of gewoon voor uw plezier wilt lezen, dit boek is de grootste stap voorwaarts die u dit jaar in uw studie zult maken. Korte Verhalen in het Estlands geeft u alle steun die u nodig hebt, dus leun achterover, ontspan, en laat uw fantasie de vrije loop terwijl u wordt meegevoerd naar een magische wereld van avontuur, mysterie en intrige - in het Estlands!

Hoe dit boek te gebruiken

Lezen is een moeilijk talent om onder de knie te krijgen. We gebruiken een reeks microvaardigheden om ons te helpen lezen in onze moedertaal. We kunnen bijvoorbeeld een passage doornemen om een globaal idee te krijgen van waar het over gaat. Of we kammen een groot aantal bladzijden van een treindienstregeling door op zoek naar een specifieke tijd of plaats. Terwijl deze microvaardigheden een tweede natuur zijn bij het lezen in onze moedertaal, blijkt uit onderzoek dat we de meeste ervan vaak vergeten bij het lezen in een vreemde taal. Wanneer we een vreemde taal leren, beginnen we gewoonlijk bij het begin van een tekst en werken we ons een weg door de tekst, waarbij we elk woord proberen te begrijpen. Onvermijdelijk komen we onbekende of ingewikkelde termen tegen en raken we geïrriteerd door ons onvermogen om ze te begrijpen.

Een van de grootste voordelen van het lezen in een vreemde taal is dat je wordt blootgesteld aan een groot aantal zinnen en uitdrukkingen die in alledaagse situaties worden gebruikt. Extensief lezen is een term die wordt gebruikt om het lezen voor plezier aan te duiden om een taal te leren. Het is niet zoals het lezen van een tekstboek, wanneer gesprekken of teksten zijn ontworpen om langzaam en zorgvuldig te worden gelezen met het doel om elk woord te begrijpen. “Intensief lezen” verwijst naar lezen dat wordt gedaan om specifieke leerdoelen te bereiken of taken te voltooien. Anders gezegd, intensief lezen in tekstboeken helpt meestal bij het leren van grammaticaregels en bepaalde woordenschat, maar extensief lezen van verhalen helpt bij het leren van natuurlijke taal.

Korte Verhalen in het Estlands biedt u de mogelijkheid om meer te leren over natuurlijk Estlands taalgebruik, ook al bent u uw taalleertocht misschien begonnen met uitsluitend tekstboeken. Hier zijn een paar tips om in gedachten te houden als u de verhalen in dit boek leest om er het meeste uit te halen: Als het op lezen aankomt, zijn plezier en een gevoel van vervulling van cruciaal belang. Je blijft terugkomen voor meer omdat je geniet van wat je aan het lezen bent. Elk verhaal van begin tot eind lezen is de beste methode om plezier te beleven aan het lezen van verhalen en je volbracht te voelen. Het belangrijkste is dan ook om het einde van een verhaal te halen. Dat is eigenlijk nog belangrijker dan elk woord te kennen.

Hoe meer je leest, hoe meer kennis je zult opdoen. U zult snel een kennis hebben van hoe Estlands werkt als u grotere boeken leest voor uw plezier. Bedenk echter wel dat u, om ten volle van de voordelen van extensief lezen te kunnen profiteren, eerst een voldoende omvangrijk boek moet lezen. Door hier en daar een paar bladzijden te lezen leert u misschien een paar nieuwe woorden, maar het zal geen significant verschil maken in uw algehele niveau van Estlands.

Accepteer dat je niet alles zult begrijpen van wat je in een roman leest. Dit is, zonder twijfel, het meest cruciale punt! Onthoud altijd dat het volkomen aanvaardbaar is dat u niet alle woorden of zinnen begrijpt. Het betekent niet dat je taalvaardigheden ontoereikend zijn of dat je slecht presteert. Het geeft aan dat u actief betrokken bent bij het leerproces.

Leesgids

Om het meeste uit het lezen van Korte Verhalen in het Estlands te halen, kunt u het beste dit eenvoudige leesproces in zes stappen volgen voor elk hoofdstuk van de verhalen:

1. Lees de titel van het hoofdstuk. Denk na over waar het verhaal over zou kunnen gaan. Lees dan het verhaal helemaal door. Uw doel is gewoon het einde van het verhaal te bereiken. Stop daarom niet om woorden op te zoeken en maak u geen zorgen als er dingen zijn die u niet begrijpt. Probeer gewoon de plot te volgen.

2. Wanneer u het einde van het verhaal hebt bereikt, scant u de Nederlandse vertaling om te zien of u hebt begrepen wat er is gebeurd en pikt u alle context op die u misschien hebt gemist.

3. Ga terug en lees hetzelfde verhaal opnieuw. Als u wilt, kunt u zich meer op de details van het verhaal concentreren, maar anders leest u het gewoon nog een keer door.

4. Werk vervolgens door de begripsvragen in Estlands om te controleren of u de belangrijkste gebeurtenissen in het verhaal begrijpt. Als u de vragen niet helemaal begrijpt, hoeft u zich geen zorgen te maken. Gebruik uw kennis om zo goed mogelijk te antwoorden.

5. Op dit punt moet u de belangrijkste gebeurtenissen van het hoofdstuk enigszins begrijpen. Als dat niet het geval is, kunt u het hoofdstuk een paar keer herlezen, waarbij u de vertaling gebruikt om onbekende woorden en zinnen te controleren, totdat u zich zeker voelt.

Zodra u klaar bent en zeker weet dat u begrijpt wat er is gebeurd - of dat nu na één lezing van het verhaal is of na meerdere - gaat u verder met het volgende verhaal en geniet u verder van het verhaal in uw eigen tempo, net zoals u van elk ander boek zou genieten.

Pas als u een verhaal in zijn geheel hebt uitgelezen, moet u overwegen terug te gaan en de verhaaltaal desgewenst verder uit te diepen. Of in plaats van u zorgen te maken of u alles begrijpt, de tijd te nemen om u te concentreren op alles wat u hebt begrepen en uzelf te feliciteren met alles wat u hebt gedaan.

Korte Verhalen

in het Estlands

Tallinn

Tallinna linn on ilus koht. Tänavaid ääristavad **puud** ja hooned on kõik halli, valge ja musta eri toonides. See on rahulik linn, kuid õhus on tunda pinget. Sõja algusest on möödas kaks aastat. Kaks aastat on möödunud sellest, kui **pommid** hakkasid Tallinnale langema. Siinsed inimesed on õppinud sellega elama, kuid nad ei saa jätta mõtlemata, millal tuleb nende kord. Täna õhtul, nagu tavaliselt, on kõik oma kodudes kokku tõmbunud ja ootavad pommitamise algust. Aga täna on **teisiti**. Täna on õhus kummaline vaikus. Ükski lennuk ei lenda pea kohal ja ükski pomm ei lange taevast.

Järgmisel hommikul astuvad tallinlased ettevaatlikult välja. Tänavad on tühjad ja õhus valitseb õudne vaikus. Keegi ei tea, mida sellest arvata. Aeglaselt hakkavad **inimesed** oma kodudest välja tulema ja linna **avastama.** Nad leiavad, et kõik hooned on endiselt püsti ja kuskil ei ole mingeid kahjustusi. Nagu polekski sõda siin kunagi toimunud. Elanike seas hakkab kasvama lootus, kui kogu Tallinnas levib kuuldus, et linn on säästetud. Võib-olla tähendab see, et **sõda** on lõpuks ometi lõppenud? Võib-olla saavad nad lõpuks ometi hakata oma elu uuesti üles ehitama? Kuid just siis, kui inimesed hakkavad uskuma, et asjad hakkavad lõpuks ometi paranema, kuulevad nad lennukite **häält**

Tallinn

De stad Tallinn is een prachtige plaats. De straten zijn bezaaid met **bomen** en de gebouwen hebben allemaal verschillende tinten grijs, wit en zwart. Het is een vredige stad, maar er hangt een onderliggend gevoel van spanning in de lucht. Het is twee jaar geleden sinds de oorlog begon. Het is twee jaar geleden dat de **bommen** op Tallinn vielen. De mensen hier hebben geleerd ermee te leven, maar ze vragen zich af wanneer het hun beurt is. Vanavond, zoals gewoonlijk, zit iedereen ineengedoken in zijn huis, wachtend tot de bombardementen beginnen. Maar vanavond is **anders**. Vanavond heerst er een vreemde stilte in de lucht. Geen vliegtuigen vliegen over en geen bommen vallen uit de lucht.

De volgende ochtend stappen de inwoners van Tallinn voorzichtig naar buiten. De straten zijn leeg en er hangt een angstaanjagende stilte in de lucht. Niemand weet wat hij ervan moet denken. Langzaam beginnen **de mensen** uit hun huizen te komen en de stad te verkennen. Ze merken dat alle gebouwen nog overeind staan en dat er nergens schade is. Het is alsof de oorlog hier nooit heeft plaatsgevonden. Een gevoel van hoop begint te groeien onder de inwoners als het woord zich verspreidt door Tallinn dat de stad gespaard is

pea kohal. Ja siis hakkavad taas pommid langema.

Tallinna rahvas on **laastatud**. Nad olid julgenud loota paremale tulevikule, kuid nüüd tundub, et nende linn on hukule määratud. Kuid isegi keset kogu seda **pimedust** keelduvad nad alla andmast. Nad ehitavad oma linna ja elu uuesti üles, ükskõik mida see ka ei nõuaks. Sõda võis küll Tallinna hävitada, kuid ei suutnud murda selle rahva vaimu. Nad on linn, mis on käinud läbi **põrgu** ja tagasi, kuid nad ei anna kunagi alla. Ja nii jätkavad tallinlased võitlust, lootes paremale tulevikule. Ühel päeval on nende linn taas terve. Ja nad ei **unusta** kunagi seda, mida nad on läbi elanud.

gebleven. Misschien betekent dit dat de **oorlog** eindelijk voorbij is? Misschien kunnen ze eindelijk beginnen met de wederopbouw van hun leven? Maar net als de mensen beginnen te geloven dat de dingen eindelijk beter worden, horen ze het **geluid** van vliegtuigen boven hun hoofd. En dan beginnen de bommen opnieuw te vallen.

De inwoners van Tallinn zijn **er kapot van**. Ze hadden durven hopen op een betere toekomst, maar nu lijkt het erop dat hun stad ten dode is opgeschreven. Maar zelfs te midden van al deze **duisternis** weigeren ze op te geven. Ze zullen hun stad en hun leven weer opbouwen, wat er ook voor nodig is. De oorlog mag Tallinn dan verwoest hebben, de geest van de mensen is er niet door gebroken. Zij zijn een stad die door **de hel is** gegaan, maar zij zullen nooit opgeven. En dus blijven de mensen van Tallinn doorvechten, hopend op een betere toekomst. Op een dag zal hun stad weer heel zijn. En ze zullen nooit **vergeten** wat ze hebben doorgemaakt.

Arusaamise küsimused

1. Milline on Tallinna linn?

2. Kui kaua on sõda kestnud?

3. Kuidas suhtuvad Tallinna elanikud sõjasse?

4. Mis juhtub ühel ööl sõja ajal?

5. Milline on Tallinna elanike reaktsioon järgmisel hommikul?

6. Miks on tallinlased lootusrikkad?

7. Mis juhtub, mis paneb tallinlased kaotama lootuse?

8. Kuidas tunnevad end Tallinna elanikud pärast sõda?

9. Mis on Tallinna rahva eesmärk?

10. Mida arvavad tallinlased oma linnast?

Begrip vragen

1. Hoe ziet de stad Tallinn eruit?

2. Hoe lang is de oorlog al aan de gang?

3. Wat vinden de inwoners van Tallinn van de oorlog?

4. Wat gebeurt er op een nacht tijdens de oorlog?

5. Wat is de reactie van de inwoners van Tallinn de volgende ochtend?

6. Waarom zijn de mensen van Tallinn hoopvol?

7. Wat gebeurt er waardoor de inwoners van Tallinn de hoop verliezen?

8. Hoe voelen de inwoners van Tallinn zich na de oorlog?

9. Wat is het doel van de inwoners van Tallinn?

10. Hoe denken de inwoners van Tallinn over hun stad?

Suitsusaunad

Esimest korda astusin suitsusaunasse koos vanaisaga. Ta oli mulle sellest **aastaid** lugusid jutustanud ja ma olin lõpuks piisavalt vana, et temaga koos minna. See kogemus ei ole võrreldav millegi muuga, mida ma kunagi olen tundnud. Niipea, kui me sisse astusime, tabas **kuumus** mind nagu laine. Alguses võttis see mul hinge kinni, kuid siis hakkasin end lõdvemalt tundma ja mu lihased hakkasid lõdvenema. Istusime mõnda aega vaikides, nautides lihtsalt soojust ja üksteise seltskonda. Mõne aja pärast hakkas vanaisa mulle oma lemmiksaunalugusid jutustama. Üks neist rääkis sellest, kuidas ta sai nii kuumaks, et jäi minestama ja ärkas saunast **väljas** lumega kaetud!

Teine lugu rääkis sellest, et mõnikord istuvad inimesed saunas nii kaua, et nad hakkavad nägema asju, mida tegelikult ei ole - näiteks **kummitusi** või loomi. Kuid minu lemmiklugu oli see, kus kaks inimest, kes olid vaenlased, said lõpuks sõpradeks pärast seda, kui nad olid saunas koos aega veetnud - sest see näitas, et kuigi me ei pruugi alati kellegagi ühte meelt olla, võime siiski leida **ühise keele, kui me** oleme valmis koostööd tegema. Pärast kõiki neid lugusid kuuldes ei suutnud ma ära oodata, et kunagi ise suitsusauna proovida. Mõned aastad hiljem sain lõpuks oma võimaluse. Olime

Rooksauna's

De eerste keer dat ik een rooksauna binnenstapte was met mijn opa. Hij vertelde me er al **jaren** verhalen over, en ik was eindelijk oud genoeg om met hem mee te gaan. De ervaring was anders dan alles wat ik ooit heb gevoeld. Zodra we binnenkwamen, sloeg de **hitte** als een golf over me heen. Eerst was ik buiten adem, maar toen begon ik me meer ontspannen te voelen en begonnen mijn spieren losser te worden. We zaten een tijdje in stilte, genietend van de warmte en elkaars gezelschap. Na een tijdje begon opa me een paar van zijn **favoriete** saunaverhalen te vertellen. Een daarvan ging over een keer dat hij het zo warm kreeg dat hij bewusteloos raakte en onder de sneeuw **buiten** de sauna wakker werd!

Een ander verhaal ging over hoe mensen soms zo lang in de sauna zaten dat ze dingen begonnen te zien die er niet echt waren, zoals **geesten** of dieren. Maar mijn favoriete verhaal was dat van twee mensen die vijanden waren en uiteindelijk vrienden werden nadat ze een tijdje samen in de sauna hadden doorgebracht - omdat het liet zien dat ook al zijn we het niet altijd met iemand eens, we toch punten **van** overeenkomst kunnen vinden als we bereid zijn om samen te werken. Na al deze verhalen te hebben gehoord, kon ik niet

koos sõpradega **metsas** telkimas ja sattusime vana suitsusauna juurde, mis oli mahajäetud. Otsustasime seda proovida, kuigi teadsime, et see on tõenäoliselt ebaturvaline. Niipea, kui astusime sisse, tundsime **kividest** kiirgavat soojust.

Me kõik hakkasime üsna kiiresti higistama, kuid keegi ei tahtnud lahkuda, sest see tundus nii hea. Mõne aja pärast hakkas ühel mu sõbrannal **halb** enesetunne tekkima ja ta pidi minema välja värsket õhku võtma. Meie ülejäänud jäime veel mõneks ajaks sisse, enne kui me talle järgnesime. Kuigi see ei olnud kõige traditsioonilisem viis suitsusauna kogemiseks, oli see siiski hämmastav kogemus, mida ma ei **unusta** kunagi. Nüüdseks olen võtnud eesmärgiks külastada suitsusauna alati, kui saan. Selles kuumuses ja vaikuses on midagi sellist, mis aitab mul **lõõgastuda** ja mõtted selgeks teha. Ja kuigi mul ei ole alati kedagi, kellega lugusid jagada, naudin ma ikkagi seda, kui ma üksi saunas aega veedan. Sellest on saanud üks minu lemmikkohtadest ja ma tunnen end seal veedetud aja järel alati **paremini.**

wachten om zelf ook eens een rooksauna uit te proberen. Een paar jaar later kreeg ik eindelijk de kans. Een groep vrienden en ik waren aan het kamperen in **het bos**, en we kwamen een oude rooksauna tegen die verlaten was. We besloten het te proberen, ook al wisten we dat het waarschijnlijk onveilig was. Zodra we binnenstapten, konden we de hitte voelen die van de **stenen afstraalde**.

We begonnen allemaal vrij snel te zweten, maar niemand wilde weg omdat het zo goed voelde. Na een tijdje begon een van mijn vriendinnen zich **misselijk** te voelen, en ze moest naar buiten voor wat frisse lucht. De rest van ons bleef nog een tijdje binnen voordat we haar naar buiten volgden. Ook al was het niet de meest traditionele manier om een rooksauna te ervaren, het was toch een geweldige ervaring die ik nooit zal **vergeten**. Tegenwoordig maak ik er een punt van om een rooksauna te bezoeken wanneer ik maar kan. Er is iets met de warmte en de stilte dat me helpt **te ontspannen** en mijn hoofd leeg te maken. En ook al heb ik niet altijd iemand om verhalen mee te delen, toch vind ik het fijn om in mijn eentje in de sauna te zitten. Het is een van mijn favoriete plekken geworden, en ik voel me altijd **beter** na een tijdje daar te zijn geweest.

Arusaamise küsimused

1. Milline oli peategelase esimene kogemus suitsusaunaga?

2. Kuidas tundis peategelane end suitsusaunasse sisenedes?

3. Mida tegid peategelane ja vanaisa suitsusaunas?

4. Miks oli peategelase lemmiklugu kahest vaenlasest?

5. Mis juhtus, kui peategelane ja tema sõbrad proovisid vana, mahajäetud suitsusauna?

6. Kuidas tunneb peategelane end pärast suitsusaunas viibimist?

7. Millest aitab suitsusaun peategelasel oma meelt puhastada?

8. Kus on peategelase lemmikpaik?

9. Miks meeldib peategelasele üksi suitsusaunas aega veeta?

10. Mida tunneb peategelane alati paremini pärast seda, kui ta on teinud?

Begrip vragen

1. Wat was de eerste ervaring van de hoofdpersoon met een rooksauna?

2. Hoe voelde de hoofdpersoon zich toen hij de rooksauna binnenging?

3. Wat deden de hoofdpersoon en opa in de rooksauna?

4. Waarom was het favoriete verhaal van de hoofdpersoon dat over de twee vijanden?

5. Wat gebeurde er toen de hoofdpersoon en haar vrienden een oude, verlaten rooksauna uitprobeerden?

6. Hoe voelt de hoofdpersoon zich na een verblijf in de rooksauna?

7. Wat helpt de rooksauna om de hoofdpersoon van haar geest te verlossen?

8. Waar is de hoofdpersoon het liefst?

9. Waarom brengt de hoofdpersoon graag alleen tijd door in de rooksauna?

10. Wat voelt de hoofdpersoon zich altijd beter nadat hij het gedaan heeft?

Martsipan

Martsipanil oli **kohutav** päev. Esiteks ärkas ta hilja ja pidi kiirustama, et oma tööks pagariäris valmis saada. Siis, kui ta tööle jõudis, noomis teda ülemus hilinemise eest. Ja kõige tipuks rikkus ta kogemata terve partii **koogikesi ära**, sest lisas liiga palju jahu. Marzipan tundis end väga masendatuna, kui tema vahetuse lõppedes oli ta väga masendunud. Töölt koju minnes püüdis Marzipan end rõõmsaks teha, mõeldes kõigile asjadele, mida ta armastas: **maitsvate** küpsetiste küpsetamine, sõpradega koos olemine ja oma kassi Snickersiga kallistamine. Kuid ükskõik kui palju ta ka ei püüdnud, Marzipan ei suutnud oma halba tuju kuidagi maha raputada. Kui ta koju jõudis, otsustas Marzipan end mõnusalt kuuma **vanniga** hellitada. Võib-olla see parandaks tema enesetunnet.

Ta lisas veele rahustavat lavendliõli ja ronis vette. Pärast vanni tundis Marzipan end veidi paremini. Ta pani selga oma mugava pidžaama ja otsustas endale tassi **teed** teha. Kui ta ootas, et vesi keema hakkaks, kuulis ta koputust uksel. Kes see võis olla? mõtles Marzipan, kui ta läks uksele vastama. Kui ta ukse avas, nägi ta **üllatusega** oma sõpra Lily seal seisvat, laia naeratusega näol. “Tere!” “Ma loodan, et sa ei pane pahaks, et ma ootamatult sisse vaatan,” ütles Lily. “Ma

Marsepein

Marzipan had een **verschrikkelijke** dag. Eerst werd ze laat wakker en moest ze zich haasten om zich klaar te maken voor haar werk in de bakkerij. Toen ze op haar werk kwam, gaf haar baas haar een uitbrander omdat ze te laat was. En als klap op de vuurpijl had ze per ongeluk een hele partij **cupcakes** verpest door te veel bloem toe te voegen. Marzipan voelde zich erg down tegen de tijd dat haar dienst erop zat. Terwijl ze van haar werk naar huis liep, probeerde Marzipan zichzelf op te vrolijken door te denken aan alle dingen waar ze van hield: **lekkere** hapjes bakken, tijd doorbrengen met haar vrienden en knuffelen met haar kat, Snickers. Maar hoe hard ze ook probeerde, Marzipan kon haar slechte humeur maar niet van zich af schudden. Toen ze thuiskwam, besloot Marzipan zichzelf te trakteren op een lekker warm **bad**. Misschien zou ze zich dan beter voelen.

Ze deed wat kalmerende lavendelolie in het water en klom erin. Na haar bad voelde Marzipan zich een beetje beter. Ze trok haar comfortabele pyjama aan en besloot een kopje **thee te** zetten. Terwijl ze wachtte tot het water kookte, hoorde ze geklop op de deur. Wie zou dat zijn? dacht Marzipan terwijl ze ging antwoorden. Toen ze de deur opendeed, zag ze **tot haar verbazing**

tahtsin lihtsalt sinu järele vaadata, sest ma tean, et täna oli raske päev." Marzipan oli oma sõbra **hoolivusest** liigutatud ja kutsus ta sisse teele. Kui nad vestlesid ja vahetasid mõtteid, hakkas Marzipan end taas rohkem iseendana tundma.

Selleks ajaks, kui Lily lahkus, sai Marzipan aru, et mõnikord on vaja vaid **head** sõpra - ja võib-olla isegi mõned lavendlilõhnalised mullid -, et oma päev täielikult ümber pöörata. Järgmisel päeval ärkas Marzipan ja tundis end palju paremini. Ta oli otsustanud võtta oma päevast maksimumi ja mitte lasta millelgi end alla suruda. Pärast kiiret **hommikusööki** suundus ta kevadiselt pagariärisse. Kohe, kui ta sisse astus, märkas Marzipan, et midagi on valesti. Tema ülemus nägi **vihane** välja ja ümberringi oli mitu klienti, kes nägid pettunud välja. Kiiresti sai selgeks, et keegi oli öösel kõik küpsetusvahendid varastatud! Marzipan tundis end kohutavalt - see oli lihtsalt veel üks asi, mille pärast tema ülemus **pahane oli.**

haar vriendin Lily staan met een brede glimlach op haar gezicht. “Hoi! “Ik hoop dat je het niet erg vindt dat ik onaangekondigd langskom,” zei Lily. “Ik wilde alleen even kijken hoe het met je gaat, want ik weet dat vandaag zwaar was.” Marzipan was geroerd door de **attentheid** van haar vriendin en nodigde haar binnen voor thee. Terwijl ze kletsten en bijpraatten, begon Marzipan zich weer meer zichzelf te voelen.

Tegen de tijd dat Lily vertrok, realiseerde Marzipan zich dat je soms alleen maar een **goede** vriend nodig hebt, en misschien zelfs wat bubbels met lavendelgeur, om je dag helemaal om te draaien. De volgende dag werd Marzipan wakker met een veel beter gevoel. Ze was vastbesloten om het beste uit haar dag te halen en zich door niets te laten ontmoedigen. Na een snel **ontbijt**, ging ze met een veer in haar stap naar de bakkerij. Toen ze binnenkwam, merkte Marzipan meteen dat er iets mis was. Haar baas zag er **boos uit**, en er liepen een paar klanten gefrustreerd rond. Het werd al snel duidelijk dat iemand vannacht alle bakbenodigdheden had gestolen! Marzipan vond het vreselijk - dit was weer iets waar haar baas **boos** over moest zijn.

Arusaamise küsimused

1. Mida teeb Marzipan, kui ta töölt koju jõuab?

2. Mida ütleb Lily, kui ta näeb Marzipani?

3. Millest mõtleb Marzipan vannis olles?

4. Mida teeb Marzipan, kui ta näeb oma ülemust järgmisel päeval?

5. Miks oli Martsipani päev kohutav?

6. Mida teeb Marzipan, kui ta järgmisel päeval ärkab?

7. Millest mõtleb Marzipan tööle minnes?

8. Mida teeb Marzipan, kui ta näeb kliente pagariäris?

9. Mida arvab Martsipan vargast?

10. Mida teeb Marzipan loo lõpus?

Begrip vragen

1. Wat doet Marzipan als ze thuiskomt van haar werk?

2. Wat zegt Lily als ze Marzipan ziet?

3. Waar denkt Marzipan aan als ze in bad zit?

4. Wat doet Marzipan als ze haar baas de volgende dag ziet?

5. Waarom was Marzipan's dag verschrikkelijk?

6. Wat doet Marzipan als ze de volgende dag wakker wordt?

7. Waar denkt Marzipan aan als ze naar haar werk loopt?

8. Wat doet Marsepein als ze de klanten in de bakkerij ziet?

9. Wat vindt Marzipan van de dief?

10. Wat doet Marzipan aan het eind van het verhaal?

Pärnu

Päike oli loojumas Eesti väikelinna Pärnu kohal. Taevas oli kaunis oranžikas ja tähed hakkasid just välja tulema. See oli **rahulik** õhtu. Järsku kostis vali plahvatus. Linna kesklinnas asuv hoone varises kokku, prahti lendas kõikjale. Inimesed hakkasid karjuma ja jooksid igas suunas. Niipea kui tolm oli vaibunud, hakkasid inimesed kahju hindama. Paljud hooned hävisid või said plahvatuse tagajärjel kahjustada. Kõikjal oli **vigastatuid** ja mõned olid plahvatuse tagajärjel isegi surma saanud. Paanika hakkas puhkema, kui inimesed mõistsid, et see oleks võinud olla palju hullem, kui see oli. Nad ei teadnud, mis oli plahvatuse põhjustanud või kes võis selle eest **vastutada.**

Kui öö saabus, moodustati otsimisrühmad, et otsida **ellujäänuid**, kes võisid olla rusude alla jäänud või muul viisil võimetud end ise aitama. Esmaabi andsid endast parima, et jagada patsiente ja viia nad ohutusse kohta. Kuid kiiresti sai selgeks, et sellest saab kõigi asjaosaliste jaoks pikk öö. Järgmisel hommikul valitses linnas vilgas tegevus. Uurijad uurisid **rususid**, otsides vihjeid, mis oli plahvatuse põhjustanud. Hukkunute arv oli öösel tõusnud ja paljud inimesed olid ikka veel kadunud. Õhus valitses kurbus ja hirm. Kuid kogu selle **pimeduse** keskel oli ka headust ja kangelaslikkust. Inimesed tulid kokku, et aidata neid, keda tragöödia oli

Pärnu

De zon ging onder boven het kleine stadje Pärnu, Estland. De lucht was prachtig oranje en de sterren begonnen net tevoorschijn te komen. Het was een **vredige** avond. Plotseling was er een luide explosie. Een gebouw in het centrum van de stad stortte in, en brokstukken vlogen overal heen. Mensen begonnen te schreeuwen en renden alle kanten op. Zodra het stof was gaan liggen, begonnen de mensen de schade op te nemen. Veel gebouwen zijn verwoest of beschadigd door de ontploffing. Overal lagen gewonden, en sommigen waren zelfs door de explosie om het leven gekomen. De paniek begon toe te slaan toen de mensen beseften dat het veel erger had kunnen zijn dan het was. Ze wisten niet wat de explosie had veroorzaakt of wie er verantwoordelijk voor was.

Toen de nacht viel, werden er zoekgroepen gevormd om te zoeken naar **overlevenden** die misschien onder het puin vastzaten of zichzelf niet konden helpen. Eerstehulpverleners deden hun best om patiënten te triëren en in veiligheid te brengen. Maar het werd al snel duidelijk dat dit een lange nacht zou worden voor alle betrokkenen. De volgende ochtend was het een drukte van belang in de stad. Onderzoekers kamden de **brokstukken uit**, op zoek naar aanwijzingen over wat de explosie had veroorzaakt. Het dodental was

tabanud. Võõrastest said sõbrad, kes lohutasid üksteist ja püüdsid **juhtunust aru** saada.

Lõpuks ei olnud Pärnu pärast seda saatuslikku ööd enam kunagi päris sama. Kuid selle elanikud mäletaksid, kuidas nad tulid häda ajal **kokku** ja oleksid selle eest tugevamad. Plahvatusest on möödas 10 aastat. Pärnu on end uuesti üles ehitanud ja on nüüd taas edukas **kogukond.** Kuid sel aastapäeval võtavad inimesed ikka veel hetke, et meenutada neid, kes tol päeval kaotati. Mõne jaoks on see aeg, et mõelda, kui kaugele nad on viimase kümne aasta jooksul jõudnud. Nad mõtlevad kõigile tehtud **edusammudele** ja sellele, kui palju on nende linn muutunud paremaks. Teised kasutavad seda päeva võimalusena suhelda teiste inimestega, kes on nende kogemusi jaganud. Nad pakuvad üksteisele lohutust ja tuge, teades, et nad mõistavad, mis tunne on läbida midagi nii traumeerivat.

vannacht gestegen, en veel mensen werden nog vermist. Er hing een gevoel van droefheid en angst in de lucht. Maar te midden van al deze **duisternis** waren er ook daden van vriendelijkheid en heldenmoed. Mensen kwamen samen om degenen te helpen die door de tragedie waren getroffen. Vreemden werden vrienden terwijl ze elkaar troostten en probeerden te begrijpen wat **er was gebeurd**.

Uiteindelijk zou Pärnu nooit meer helemaal hetzelfde zijn na die noodlottige nacht. Maar de inwoners zouden zich herinneren hoe ze **samenkwamen** in hun tijd van nood, en ze zouden er sterker door worden in de toekomst. Het is 10 jaar geleden sinds de explosie. Pärnu heeft zichzelf heropgebouwd en is nu weer een bloeiende **gemeenschap**. Maar op deze gedenkdag nemen de mensen nog steeds een moment om de slachtoffers van die dag te herdenken. Voor sommigen is het een moment om na te denken over hoe ver ze in de afgelopen tien jaar zijn gekomen. Ze denken aan alle **vooruitgang die is** geboekt en aan hoezeer hun stad ten goede is veranderd. Anderen gebruiken deze dag als een gelegenheid om in contact te komen met anderen die hun ervaring hebben gedeeld. Ze bieden elkaar troost en steun, in de wetenschap dat zij begrijpen hoe het is om zoiets traumatisch mee te maken.

Arusaamise küsimused

1. Milline oli taevas, kui päike loojus Pärnu kohal?

2. Kuidas reageerisid inimesed, kui plahvatus toimus?

3. Mida tegid inimesed pärast seda, kui plahvatuse tolm oli settinud?

4. Mitu inimest sai plahvatuses surma?

5. Kuidas inimesed tundsid end hommikul pärast plahvatust?

6. Mida otsisid uurijad rusude seast?

7. Mida teevad mõned inimesed plahvatuse aastapäeval?

8. Mida teevad teised plahvatuse aastapäeval?

9. Mis on üks asi, mis on inimestele plahvatuse aastapäeval selge?

10. Mida ei unusta kunagi need, kes elasid selle plahvatuse üle?

Begrip vragen

1. Hoe zag de lucht eruit toen de zon onderging boven Pärnu, Estland?

2. Hoe reageerden de mensen toen de explosie plaatsvond?

3. Wat deden de mensen toen het stof van de explosie was neergedaald?

4. Hoeveel mensen zijn omgekomen bij de explosie?

5. Hoe voelden de mensen zich de ochtend na de explosie?

6. Wat zochten de onderzoekers onder het puin?

7. Op de verjaardag van de explosie, wat doen sommige mensen dan?

8. Wat doen anderen op de verjaardag van de explosie?

9. Wat is één ding dat duidelijk is voor de mensen op de verjaardag van de explosie?

10. Wat zal nooit vergeten worden door hen die de explosie meemaakten?

Walpurgise öö

Oli Walpurgise öö ja kõik inimesed valmistusid kogu **väikeses** Sleepy Hollow'i linnas suureks pidustuseks. Lõkked olid süüdatud ja muusika mängis. Inimesed tantsisid ja **naersid**, nautides sooja kevadööd. Kuid oli üks inimene, kes ei tundnud end nii pidulikult. Tema nimi oli Abigail ja ta oli alles paar nädalat tagasi Sleepy Hollow'sse kolinud. Ta ei tundnud siin veel kedagi ja tundis end **võõrana**. Ta püüdis end hästi tunda, kuid see oli raske, kui ta tundis end nii üksi. Äkki kuulis ta, kuidas keegi tema nime hüüdis. See kõlas, nagu oleks nad hädas. Ta järgis häält, kuni jõudis metsas asuvale lagendikule, kus grupp inimesi oli kogunenud millegi ümber **maapinnale**.

Kui ta lähemale jõudis, nägi ta, et nad olid kogunenud ühe **laiba** ümber. See oli noor naine ja nägi välja, nagu oleks teda rünnatud. Kõikjal oli verd ja Abigailil hakkas kõhus halb. Rühm inimesi püüdis naist elustada, kuid oli juba liiga hilja. Ta oli kadunud. Abigail ei suutnud uskuda, mida ta nägi. See ei pidi juhtuma Walpurgise **ööl**; see pidi olema pidustuste aeg. Kuid nüüd oli õhus ainult surm ja kurbus. Inimeste rühm läks mõne aja pärast laiali ja Abigail jäi surnukehaga üksi. Ta ei teadnud, mida teha. Kas ta peaks abi otsima? Aga kes usuks teda, kui ta neile ütleks, mis oli juhtunud?

Walpurgisnacht

Het was Walpurgisnacht, en overal in het stadje Sleepy Hollow maakten de mensen zich op voor het grote feest. De vreugdevuren waren aangestoken en de muziek speelde. De mensen dansten en **lachten**, en genoten van de warme lenteavond. Maar er was één persoon die zich niet zo feestelijk voelde. Ze heette Abigail, en ze was pas een paar weken geleden naar Sleepy Hollow verhuisd. Ze kende hier nog niemand, en ze voelde zich een **buitenstaander**. Ze probeerde zich te vermaken, maar dat was moeilijk als ze zich zo alleen voelde. Plotseling hoorde ze iemand haar naam roepen. Het klonk alsof ze in de problemen zaten. Ze volgde de stem tot ze op een open plek in het bos kwam, waar een groep mensen zich rond iets op de **grond verzamelden**.

Toen ze dichterbij kwam, kon ze zien dat ze rond een **lichaam** stonden. Het was een jonge vrouw, en ze zag eruit alsof ze was aangevallen. Overal lag bloed, en Abigail voelde zich misselijk worden. De groep mensen probeerden de vrouw te reanimeren, maar het was te laat. Ze was er niet meer. Abigail kon niet geloven wat ze zag. Dit hoorde niet te gebeuren op **Walpurgisnacht**; het hoorde een tijd van feest te zijn. Maar nu, was er alleen dood en verdriet in de lucht.

Lõppude lõpuks oli Walpurgise öö, öö, mil **nõiad** väidetavalt ringi käivad. Keegi ei usuks teda, kui ta ütleks, et see oli see, mis tappis naise.

Ta otsustas keha ise linna viia ja leida kedagi, kes saaks **aidata**. See oli riskantne, kuid ta ei teadnud, mida muud teha. Kui ta keha üles võttis, tundis ta, kuidas äkiline energiavoog läbis teda. Justkui oleks naise vaim sisenenud tema enda kehasse, andes talle **jõudu**. Abigail kõndis naisekeha süles linna ja läks otse šerifi kontorisse. Šerif heitis Abigailile ühe pilgu ja teadis, et midagi on valesti; ta nägi seda naise silmadest. Ta küsis naiselt, mis oli juhtunud, ja naine rääkis talle kõik algusest **lõpuni**.

De groep mensen verdween na een tijdje, en Abigail bleef alleen achter met het lichaam. Ze wist niet wat ze moest doen. Moest ze hulp gaan halen? Maar wie zou haar geloven als ze vertelde wat er gebeurd was? Het was tenslotte Walpurgisnacht, de nacht dat er **heksen zouden rondlopen**. Niemand zou haar geloven als ze zei dat dat de doodsoorzaak was.

Ze besloot om het lichaam zelf naar de stad te brengen en iemand te zoeken die kon **helpen**. Het was riskant, maar ze wist niet wat ze anders moest doen. Toen ze het lichaam oppakte, voelde ze een plotselinge golf van energie door zich heengaan. Het was alsof de geest van de vrouw in haar lichaam was gekomen en haar **kracht** gaf. Abigail liep de stad in met het lichaam van de vrouw in haar armen en ging rechtstreeks naar het kantoor van de sheriff. De sheriff keek één keer naar Abigail en wist dat er iets mis was; hij kon het in haar ogen zien. Hij vroeg haar wat er gebeurd was, en ze vertelde hem alles van begin tot **eind**.

Arusaamise küsimused

1. Mis oli selle naise nimi, kes tapeti?

2. Mida tundis Abigail, kui ta surnukeha üles võttis?

3. Miks ei tahtnud Abigail alguses šerifi juurde minna?

4. Mis oli Walpurgise öö?

5. Kuidas teadis rühm inimesi, et naine oli surnud?

6. Milleks kasutati metsas asuvat lagendikku?

7. Mida tegi rühm inimesi, kui nad leidsid surnukeha?

8. Millal otsustas Abigail surnukeha linna viia?

9. Kuidas teadis šerif, et midagi on valesti?

10. Mida ütles Abigail šerifile?

Begrip vragen

1. Wat was de naam van de vrouw die vermoord werd?

2. Wat voelde Abigail toen ze het lichaam oppakte?

3. Waarom wilde Abigail eerst niet naar de sheriff gaan?

4. Wat was Walpurgisnacht?

5. Hoe wist de groep mensen dat de vrouw dood was?

6. Waarvoor werd de open plek in het bos gebruikt?

7. Wat deed de groep mensen toen ze het lichaam vonden?

8. Wanneer besloot Abigail het lichaam naar de stad te brengen?

9. Hoe wist de sheriff dat er iets mis was?

10. Wat heeft Abigail de sheriff verteld?

Kiiking

Päike oli loojumas horisondi kohal, heites taevasse ilusa oranži varjundi. Tuul puhus õrnalt, pannes lehed kahisema ja oksad kõiguma. See oli ideaalne **õhtu** kiikingi jaoks. Võtsin oma kiikingukepid ja suundusin lähedalasuvasse parki. Seadsin oma varustuse üles ja hakkasin jalgu üle kangi kiikima. Tundsin **adrenaliini** kiirust, kui kiirendasin. Tuul piitsutas mu juukseid ja riideid, kui ma läbi õhu lendasin. Maandusin kähku, kuid tõusin kiiresti uuesti püsti. Ma ei saanud teisiti kui naeratada, kui jätkasin kiikingit; see oli üks mu lemmikspordialasid. Õhus lendamises oli midagi sellist, mis pani mind tundma end elusana ja vabana. Kui õhtu hakkas loojuma, pakkisin oma asjad kokku ja suundusin koju, olles pärast õhtust Kiikingiõhtut **õnnelik** ja rahul.

Järgmisel hommikul olin varakult üleval, soovides taas välja minna ja Kiikile minna. Suundusin parki, kepid käes, kuid kui ma lähemale jõudsin, nägin, et **midagi** on valesti. Varustus oli kõik katki ja laiali maas. Näis, nagu oleks keegi püüdnud seda **öösel** vandaalitseda. Tundsin viha, kui vaatasin kahjustusi. Kes võiks sellist asja teha? Kiiking oli nii rahumeelne spordiala, et kellelgi polnud mingit põhjust seda rikkuda. Hakkasin kiiresti koristama, olles otsustanud, et see, kes seda tegi, ei lase mul oma **lemmikajaviisi** nautimist

Kiiking

De zon ging onder aan de horizon en wierp een prachtige oranje gloed aan de hemel. De wind waaide zachtjes, waardoor de bladeren ritselden en de takken zwaaiden. Het was een perfecte **avond** voor Kiiking. Ik pakte mijn Kiiking stokken en ging naar het nabijgelegen park. Ik zette mijn uitrusting klaar en begon mijn benen over de stang te zwaaien. Ik voelde een **adrenalinestoot** toen ik snelheid begon te maken. De wind waaide door mijn haar en kleren terwijl ik door de lucht vloog. Ik landde met een plof, maar stond snel weer op. Ik kon niet anders dan glimlachen terwijl ik verder ging met kyiken; het was een van mijn **favoriete** sporten. Er was iets aan het vliegen door de lucht dat me het gevoel gaf dat ik leefde en vrij was. Toen de avond begon te vallen, pakte ik mijn spullen en ging naar huis, met een **blij** en tevreden gevoel na een avondje Kiiken.

De volgende morgen stond ik vroeg op, popelend om weer te gaan Kiik-en. Ik ging naar het park met mijn stokken in de hand, maar toen ik dichterbij kwam, kon ik zien dat **er iets** mis was. De uitrusting was allemaal kapot en lag verspreid op de grond. Het leek wel of iemand er **vannacht** vandalisme had gepleegd. Ik voelde een golf van woede toen ik de schade bekeek.

takistada. Tunni aja jooksul oli kõik jälle paigas ja valmis, et seda uuesti kasutada. Hakkasin jalgu üle kangi õõtsutama, tundes **tuttavat** adrenaliinipurset, kui kiirust tõstsin. Jällegi tundsin end elusana ja vabana, kui lendasin Kiikingi kepikõnnil läbi õhu.

Parkis **juhtunust oli möödas** paar nädalat ja ma hakkasin end ebamugavalt tundma. Ma ei olnud pärast seda õhtut kedagi näinud ega kuulnud kellestki, kuid teadsin, et nad on ikka veel kusagil väljas. Olin ärevuses, kui suundusin uuesti parki, oma kiikingisaagid käes. Niipea kui ma kohale jõudsin, nägin, et **midagi** on valesti. Varustus oli taas kord kõik katki ja laiali maas. Kes iganes see ka polnud, oli jälle löönud. Seekord olid nad teinud veelgi rohkem kahju kui varem. Mu süda vajus, kui ma vaatasin sündmuskohta; näis, et seekord olid nad tõesti püüdnud kõike **hävitada.** Kuid nagu eelmiselgi korral, keeldusin ma laskmast neil takistada mind oma lemmikspordi nautimast. Tunni aja jooksul oli kõik jälle paigas ja valmis, et seda uuesti kasutada.

Wie zou zoiets doen? Kiking was zo'n vredige sport, er was geen reden voor iemand om te proberen het te verpesten. Ik begon snel de rommel op te ruimen, vastbesloten me niet te laten weerhouden van mijn favoriete **tijdverdrijf**. Binnen een uur stond alles weer op zijn plaats en was alles klaar om weer gebruikt te worden. Ik begon met mijn benen over de stang te zwaaien en voelde de **bekende** adrenalinestoot toen ik snelheid maakte. Ik voelde me weer levend en vrij terwijl ik door de lucht vloog op mijn Kiiking stokken.

Het was al een paar weken geleden sinds het **incident** in het park, en ik begon me ongemakkelijk te voelen. Ik had sinds die nacht niemand meer gezien of van iemand gehoord, maar ik wist dat ze nog steeds ergens daarbuiten waren. Ik was gespannen toen ik weer op weg ging naar het park, mijn Kiiking stokken in de hand. Zodra ik aankwam, kon ik zien dat **er iets** mis was. Al het materiaal was kapot en lag weer verspreid op de grond. Wie het ook was, hij had weer toegeslagen. Deze keer hadden ze nog meer schade aangericht dan eerst. Mijn hart zonk toen ik het tafereel overzag; het leek erop dat ze deze keer echt hadden geprobeerd om alles te vernietigen. Maar net als de vorige keer liet ik me niet tegenhouden om van mijn favoriete sport te genieten. Binnen een uur stond alles weer op zijn plaats en was alles weer klaar voor gebruik.

Arusaamise küsimused

1. Mis on peategelase lemmikspordiala?

2. Mida tunneb peategelane, kui ta on Kiiking?

3. Miks vandaalitseti peategelase varustust?

4. Kuidas tunneb peategelane end pärast seda, kui seadmeid teist korda vandaalitsetakse?

5. Mida teeb peategelane pärast seadmete vandaalitsemist?

6. Kuhu läheb peategelane Kiik?

7. Mis kellaaeg on peategelane Kiik tavaliselt?

8. Milline oli ilm, kui peategelane esimest korda loos Kiikingil käis?

9. Milliseid värve mainitakse loos?

10. Milliseid emotsioone tunneb peategelane kogu loo jooksul?

Begrip vragen

1. Wat is de favoriete sport van de hoofdpersoon?

2. Wat voelt de hoofdpersoon als hij aan het Kiiken is?

3. Waarom werd de uitrusting van de hoofdpersoon vernield?

4. Hoe voelt de hoofdpersoon zich nadat de apparatuur voor de tweede keer is vernield?

5. Wat doet de hoofdpersoon nadat de apparatuur is vernield?

6. Waar gaat de hoofdpersoon naar toe Kiik?

7. Op welk uur van de dag komt de hoofdpersoon meestal naar Kiik?

8. Wat voor weer was het de eerste keer dat de hoofdpersoon in het verhaal ging kienen?

9. Welke kleuren worden in het verhaal genoemd?

10. Welke emoties voelt de hoofdpersoon gedurende het verhaal?

Kõpu tuletorn

Kõpu tuletorn on sajandeid olnud merele eksinud **meremeeste** lootusmärgiks. Nüüd aga ähvardab vana tuletorni hävitada võimas torm. Kui torm möllab, löövad **lained** vastu kaljusid, saates kõrgele õhku pritsmeid. Tuul ulgub läbi öö, rebides kõike, mis talle teele jääb. **Majaka** sees püüab noor naine Sarah meeleheitlikult hoida valgust põleval. Ta teab, et kui ta suudab vaid hommikuni vastu pidada, tuleb abi. Aga kui aeg möödub ja **torm** ei näita mingeid märke, et see vaibuks, hakkab Sarah lootust kaotama.

Ta teab, et ta ei suuda enam kaua vastu pidada. Äkki kuuleb Sarah **häält,** mis kutsub tema nime. Ta ei suuda seda uskuda - keegi on tulnud teda aitama! Ta jookseb ukse juurde ja viskab selle lahti, kuid teda ootab ees **veesein**. Torm on majakast läbi murdnud ja ujutab sisse. Sarah teab, et tal ei ole palju aega. Ta tormab trepist üles valgusruumi ja hakkab meeletult abi kutsuma. Kuid on liiga hilja. Vesi tõuseb tema ümber ja **neelab** ta oma tumedasse embusse. Kui ta sügavikku vajub, suudab ta mõelda vaid sellele, kuidas ta jättis hätta need, kes teda kõige rohkem vajasid. Päike tõuseb mere kohal, heites **vee** peale sooja kuma.

Kuid majakast ei ole mingit märki - **torm** on selle

Vuurtoren van Kõpu

De vuurtoren van Kõpu is al eeuwenlang een baken van hoop voor **zeelieden** die verdwaald zijn op zee. Maar nu dreigt de oude vuurtoren te worden verwoest door een krachtige storm. Terwijl de storm woedt, slaan de **golven** tegen de rotsen, waardoor er nevel hoog in de lucht komt. De wind huilt door de nacht en verscheurt alles wat hem in de weg staat. In de **vuurtoren** probeert een jonge vrouw, Sarah, wanhopig het licht brandend te houden. Ze weet dat als ze het kan volhouden tot de dageraad, er hulp zal komen. Maar als de tijd verstrijkt en de **storm** niet afneemt, begint Sarah haar hoop te verliezen.

Ze weet dat ze het niet veel langer zal kunnen volhouden. Plotseling hoort Sarah een **stem** die haar naam roept. Ze kan het niet geloven - iemand is gekomen om haar te helpen! Ze rent naar de deur en gooit hem open, om vervolgens door een muur van **water te** worden begroet. De storm heeft de vuurtoren doorbroken en stroomt naar binnen. Sarah weet dat ze niet veel tijd meer heeft. Ze rent de trap op naar de lichtkamer en begint verwoed om hulp te roepen. Maar het is te laat. Het water stijgt om haar heen op en **overspoelt** haar in zijn donkere omhelzing. Terwijl ze wegzinkt in de diepte, kan ze alleen maar denken aan

täielikult hävitanud. Sarahi laip uhutakse kaldale paar päeva hiljem. Ta maetakse väikesele kalmistule tema kodulinna lähedal. Kui inimesed tulevad austust avaldama, ütlevad nad kõik, et ta oli **kangelane**, sest püüdis tuletorni päästa. Ja kuigi tal ei õnnestunud, ei unustata kunagi tema vaprust. Kõpu tuletorn võib olla kadunud, kuid selle vaim elab Sarah's edasi. Kõik, kes teda tundsid, mäletavad teda kui **ennastsalgavat** inimest, kes seadis alati teised esikohale. Ja kuigi tuletorn ei seisa enam, särab tema valgus ikka veel nende südames, keda ta **puudutas**.

hoe ze gefaald heeft voor degenen die haar het meest nodig hadden. De zon komt op boven de zee en werpt een warme gloed op het **water**.

Maar er is geen teken van de vuurtoren - hij is volledig verwoest door de **storm**. Sarah's lichaam spoelt een paar dagen later aan op de kust. Ze wordt begraven op een kleine begraafplaats in de buurt van haar geboorteplaats. Als mensen hun respect komen betuigen, zeggen ze allemaal dat ze een **held** was omdat ze de vuurtoren probeerde te redden. En hoewel het haar niet gelukt is, zal haar moed nooit vergeten worden. De vuurtoren van Kõpu mag dan verdwenen zijn, maar de geest ervan leeft voort in Sarah. Zij wordt door iedereen die haar kende herinnerd als een **onbaatzuchtig** persoon die anderen altijd op de eerste plaats zette. En hoewel de vuurtoren er niet meer staat, schijnt haar licht nog steeds in de harten van hen die zij **heeft aangeraakt**.

Arusaamise küsimused

1. Mis on peategelase nimi?

2. Mida teeb peategelane majakeses?

3. Mis on peategelase eesmärk?

4. Miks on tuletorn ohus?

5. Mida kuuleb Saara, kui ta on lõpu lähedal?

6. Mida teeb päike loo lõpus?

7. Milline on peategelase saatus?

8. Kuidas inimesed mäletavad Sarah't?

9. Mida ütleb autor lõpus tuletorni kohta?

10. Mis on teie arvates autori eesmärk selle loo kirjutamisel?

Begrip vragen

1. Wat is de naam van de hoofdpersoon?

2. Wat doet de hoofdpersoon in de vuurtoren?

3. Wat is het doel van de hoofdpersoon?

4. Waarom is de vuurtoren in gevaar?

5. Wat hoort Sarah als ze bijna bij het einde is?

6. Wat doet de zon aan het eind van het verhaal?

7. Wat is het lot van de hoofdpersoon?

8. Hoe herinneren de mensen zich Sarah?

9. Wat zegt de auteur over de vuurtoren aan het eind?

10. Wat is volgens jou het doel van de auteur met het schrijven van dit verhaal?

Kasemahl

Päike loojus mägede taha, heites roosa ja oranži kuma väikese Kasemahli küla kohale. Külaelanikud valmistusid öiseks pidulikuks ürituseks. **Platsil** olid lauad üles seatud ja igale aknale olid riputatud värvilised lipud. Platsi keskel seisis suur **pada, mis oli** täidetud mullitava kasemahlaga. See oli Kasemahli kõige kallim vara ja seda kasutati ainult erilistel puhkudel. Täna oli üks neist õhtutest. Kui pimedaks läks, hakkasid külaelanikud platsile kogunema, igaühel kaasas kruus aurava kasemahlaga. Nad võtsid oma kohad katla ümber ja ootasid kannatlikult oma järjekorda, et selle **pühast** sisust juua. Kui kõik olid saanud, tõstsid nad oma kruusid kõrgele, et **tõsta joovastust** Kasemahlile ja tema paljudele õnnistustele.

Siis jõid nad sügavalt magusat nektarit, tundes, kuidas selle soojus nende kehas levib nagu tuli külmal talveõhtul. Kasemahl avaldas külaelanikele oma tavalist mõju. Nad tundsid end õnnelikult ja rahulolevalt, nende mured sulasid ära nagu lumi kevadel. Muusika hakkas kõlama ja inimesed hakkasid tantsima. Peagi oli väljak täis **naeru** ja taktis trampivate jalgade heli. Õhtu edenedes hakkasid mõned külaelanikud end veidi uimaselt tundma. Nende liikumine muutus ebastabiilsemaks ja nad hakkasid nägema asju, mida

Kasemahl

De zon ging onder achter de bergen en wierp een roze en oranje gloed over het kleine dorpje Kasemahl. De dorpelingen waren druk bezig met de voorbereidingen voor de nachtelijke festiviteiten. Op **het plein werden** tafels neergezet en aan elk raam hingen kleurrijke vaandels. In het midden van het plein stond een grote **ketel** gevuld met borrelend berkensap. Dit was Kasemahl's meest waardevolle bezit, en het werd alleen gebruikt bij speciale gelegenheden. Vanavond was één van die nachten. Toen de duisternis viel, begonnen de dorpelingen zich op het plein te verzamelen, elk met een beker dampend berkensap. Ze namen plaats rond de ketel en wachtten geduldig op hun beurt om van de **heilige** inhoud te drinken. Toen iedereen was bediend, hieven zij hun mokken hoog in **toost** aan Kasemahl en haar vele zegeningen.

Toen dronken ze diep van de zoete nectar en voelden de warmte ervan zich door hun lichaam verspreiden als vuur in een koude winternacht. Het berkensap had zijn gebruikelijke effect op de dorpelingen. Ze voelden zich gelukkig en tevreden, hun zorgen smolten weg als sneeuw in de lente. De muziek begon en de mensen begonnen te dansen. Het plein was al snel gevuld met **gelach** en het geluid van stampende voeten op

tegelikult ei olnud. Varsti lamasid nad kõik maas, kikerdades kontrollimatult **mitte millegi üle**. Siis ilmus nende ette Kasemahl. Ta oli **ilus** naine pikkade voolavate juustega ja lumivalge nahaga. Tema silmad olid läbitungivalt sinised ja huuled punased nagu veri.

Ta naeratas neile kõigile sõbralikult, enne kui rääkis pehmel häälel, mis tundus kogu väljakul kajavat. “Mu lapsed, mul on nii hea meel, et te kõik olete tulnud täna koos minuga **tähistama.** See on tõepoolest eriline sündmus. Sest täna õhtul saate te kõik kingituseks minu kasemahla. See püha nektar voolab läbi teie veenide ja täidab teid minu väega. Te näete asju, mida ükski surelik pole kunagi varem näinud, ja te saate teada asju, mis on seni olnud teie eest varjatud. **Võtke** see kingitus **vastu**, sest see on tõepoolest haruldane. “ Nende sõnadega hakkas Kasemahl ümber väljaku tantsima, jalad vaevu maad puudutavad. Külaelanikud vaatasid aukartusega, kuidas ta keerles ja hüppas, tema seelikud lehvimas nagu **tiivad** ümberringi. Ta näis seestpoolt hõõguvat, heites teispoolset **valgust** kõigele, mida ta puudutas.

de maat van de beat. Naarmate de nacht vorderde, begonnen sommige dorpelingen zich een beetje licht in het hoofd te voelen. Hun bewegingen werden grilliger en ze begonnen dingen te zien die er niet echt waren. Spoedig lagen zij allen op de grond, ongecontroleerd giechelend om **niets**. Het was toen dat Kasemahl voor hen verscheen. Zij was een **mooie** vrouw met lang vloeiend haar en een huid zo wit als sneeuw. Haar ogen waren doordringend blauw en haar lippen waren rood als bloed.

Ze glimlachte vriendelijk naar hen allen en sprak toen met een zachte stem die over het plein leek te galmen. “Mijn kinderen, ik ben zo blij dat jullie allemaal gekomen zijn om vanavond met mij te **vieren**. Het is inderdaad een speciale gelegenheid. Want vanavond, zullen jullie allen de gift van mijn berkensap krijgen. Deze heilige nectar zal door jullie aderen stromen en jullie vullen met mijn kracht. Jullie zullen dingen zien die geen sterveling ooit eerder heeft gezien en jullie zullen dingen weten die tot nu toe voor jullie verborgen waren. **Omhels** deze gave, want het is inderdaad een zeldzame.
“Met deze woorden, begon Kasemahl rond het plein te dansen, haar voeten raakten nauwelijks de grond. De dorpelingen keken vol ontzag terwijl zij draaide en sprong, haar rokken die rond haar als **vleugels** uitwaaierden. Zij scheen van binnen te gloeien, en wierp een buitenaards **licht** over alles wat zij aanraakte.

Arusaamise küsimused

1. Mis oli väljaku keskel asuvas katlas?

2. Mida tegid külaelanikud, kui nad kogunesid väljakule?

3. Mis oli kasemahla eesmärk?

4. Kuidas tundsid külaelanikud end pärast kasemahla joomist?

5. Kes oli Kasemahl?

6. Mida ütles Kasemahl külaelanikele?

7. Mida vaatasid külaelanikud, mida Kasemahl platsil tegi?

8. Kuidas Kasemahl välja nägi?

9. Mis juhtus külaelanikega pärast Kasemahli lahkumist?

10. Millist sündmust tähistasid külaelanikud?

Begrip vragen

1. Wat zat er in de ketel in het midden van het plein?

2. Wat deden de dorpelingen toen ze op het plein bijeenkwamen?

3. Wat was het doel van het berkensap?

4. Hoe voelden de dorpelingen zich na het drinken van het berkensap?

5. Wie was Kasemahl?

6. Wat zei Kasemahl tegen de dorpelingen?

7. Wat zagen de dorpelingen Kasemahl doen op het plein?

8. Hoe zag Kasemahl eruit?

9. Wat gebeurde er met de dorpelingen nadat Kasemahl vertrok?

10. Wat was de gelegenheid die de dorpelingen vierden?

Skype

Kell oli 8 hommikul, kui ma ärkasin oma **äratuskella** helina peale, mis kostis kõrva. Tõusin laisalt voodist üles, tundes, et olen päevade kaupa maganud. Kui ma lülitasin äratuskella välja, nägin ma oma sülearvutit teisel pool tuba oma laual ja mulle tuli äkki mõte. Selle asemel, et kooliks valmistuda, võiksin lihtsalt oma voodis mugavalt Skype'i kaudu oma tundidesse minna! Käivitasin kiiresti oma arvuti ja logisin Skype'i sisse, veendudes, et kõik mu tunnid on **õiged,** enne kui helistasin igaühele eraldi. Et aega kokku hoida, panin oma sülearvuti ette isegi väikese "klassiruumi", kus olid **õpikud** ja märkmed, et tundide ajal näeks välja, nagu oleksin tähelepanelik (kuigi me kõik teame, et ma ei ole seda).

Kõik näis kulgevat plaanipäraselt, kuni meie ajalooõpetaja hakkas mulle otse küsimusi esitama... millele ma muidugi ei teadnud ka vastust, sest ma ei olnud üldse kuulanud! Paanikas püüdsin ma vastust välja mõelda, kuid õnneks päästis mind keegi teine, kes vastas hoopis **õigesti.** Puhh! See oli lähedal. Sellest ajast alates jälgisin, et ma tunnis tõesti kuulaksin (või vähemalt teeskleksin, et kuulan), et mind ei kutsutaks jälle välja. See oli palju lihtsam, kui ma arvasin, ja varsti oli koolipäev läbi. Kui ma Skype'ist välja logisin ja

Skype

Het was 8 uur 's morgens toen ik wakker werd van het geluid van mijn **wekker** die in mijn oor blies. Ik stapte lui uit bed, met het gevoel alsof ik dagen had geslapen. Toen ik mijn wekker uitzette, zag ik aan de andere kant van de kamer mijn laptop op mijn bureau staan, en plotseling schoot me een idee te binnen. In plaats van me moeizaam klaar te maken voor school, kon ik gewoon vanuit mijn eigen bed naar mijn lessen Skypen! Ik startte snel mijn computer op en logde in op Skype, om er zeker van te zijn dat al mijn lestijden **correct** waren voordat ik ze allemaal belde. Om tijd te besparen, zette ik zelfs een klein geïmproviseerd "klaslokaal" op voor mijn laptop met wat **tekstboeken** en aantekeningen, zodat het leek alsof ik oplette tijdens de les (ook al weten we allemaal dat ik dat niet deed).

Alles leek volgens plan te verlopen, totdat onze **leraar** geschiedenis mij rechtstreeks vragen begon te stellen... waarop ik natuurlijk ook het antwoord niet wist, want ik had helemaal niet geluisterd! In paniek probeerde ik een antwoord te verzinnen, maar gelukkig redde iemand anders me door het **juiste** antwoord te geven. Phew! Dat scheelde niet veel. Vanaf dat moment zorgde ik ervoor dat ik luisterde in de klas (of tenminste deed alsof), zodat ik niet weer uitgescholden zou

valmistasin end õhtusöögiks **alla** minema, ei saanud ma muud teha, kui olla enda üle uhke, et ma selle väikese skeemi edukalt läbi viinud olen. Alles hilisõhtul sain aru, et olin unustanud kodutöö ära teha... Ups! Noh, alati on olemas homne päev.

Järgmisel päeval ärkasin veidi hiljem kui tavaliselt ja kiirustasin oma sülearvutit õppetööks seadistama. Kui ma aga üritasin Skype'i sisse logida, tuli mulle veateade, et mu konto on peatatud. Uh oh... paistab, et keegi on minu väikesest plaanist aru saanud! Paanikas helistasin kiiresti **kooli** kontorisse, kus mulle öeldi, et nad olid tõepoolest teada saanud, mida ma tegin, ja et nad ei olnud selle üle õnnelikud. Karistuseks pidin nüüdsest alates osalema kõikides oma tundides isiklikult - enam ei saa ma skype'ile minna! See ei olnud **ideaalne** tulemus, kuid vähemalt sain oma õppetunni: ära püüa **süsteemi** petta, sest lõpuks jääd sa ikkagi kinni!

worden. Het was een stuk makkelijker dan ik dacht, en al snel was de schooldag voorbij. Toen ik uitlogde van Skype en me klaarmaakte om **naar beneden** te gaan voor het avondeten, kon ik niet anders dan trots zijn op mezelf dat ik dit plannetje tot een goed einde had gebracht. Pas later die avond realiseerde ik me dat ik vergeten was mijn huiswerk te maken... Oeps! Nou ja, er is altijd morgen nog.

De volgende dag werd ik iets later wakker dan gewoonlijk en haastte ik me om mijn laptop klaar te zetten voor de les. Toen ik echter probeerde in te loggen op Skype, werd ik begroet met een foutmelding dat mijn account was opgeschort. Uh oh... het ziet ernaar uit dat iemand mijn plannetje door had! In paniek belde ik snel het kantoor **van de school**, om te horen te krijgen dat ze inderdaad hadden ontdekt wat ik aan het doen was en dat ze er niet blij mee waren. Als straf zou ik voortaan al mijn lessen persoonlijk moeten volgen - geen skyping meer voor mij! Het was niet de **ideale** uitkomst, maar ik heb in ieder geval mijn lesje geleerd: probeer het **systeem niet te** bedriegen, want uiteindelijk word je betrapt!

Arusaamise küsimused

1. Mida tegi peategelane, kui ta nägi oma sülearvutit?

2. Kuidas tundis peategelane end isiklikult tundides käies?

3. Mida tegi peategelane, kui ta mõistis, et unustas kodutöö ära?

4. Miks peatati peategelase Skype'i konto?

5. Mida õppis peategelane sellest kogemusest?

6. Mis kell peategelane ärkas?

7. Kus oli peategelane, kui teda klassis välja kutsuti?

8. Mida tegi peategelane selleks, et püüda vältida, et teda uuesti välja kutsutaks?

9. Mida ütles koolikontor peategelasele, kui nad helistasid?

10. Mis oli peategelase karistus?

Begrip vragen

1. Wat deed de hoofdpersoon toen hij zijn laptop zag?

2. Hoe vond de hoofdpersoon het om persoonlijk lessen bij te wonen?

3. Wat deed de hoofdpersoon toen hij besefte dat hij vergeten was zijn huiswerk te maken?

4. Waarom werd de Skype-account van de hoofdpersoon geschorst?

5. Wat heeft de hoofdpersoon van deze ervaring geleerd?

6. Hoe laat werd de hoofdpersoon wakker?

7. Waar was de hoofdpersoon toen hij werd uitgescholden in de klas?

8. Wat heeft de hoofdpersoon gedaan om te voorkomen dat hij weer uitgescholden wordt?

9. Wat zei het schoolkantoor tegen de hoofdpersoon toen ze belden?

10. Wat was de straf voor de hoofdpersoon?

Laulev revolutsioon

See oli Eestis suure **murrangu** aeg. Nõukogude Liit oli kokku varisenud ja rahvas nõudis iseseisvust. Nende hulgas oli ka noor naine nimega Liina, kes unistas vaid sellest, et saaks vabalt laulda, ilma et peaks **kartma** repressioone. Ta ühines teistega tänavatel, lauldes isamaalisi laule ja nõudes Vene võimu lõpetamist. See oli vaimustav aeg ja ta tundis end elusana nagu kunagi varem. Nad **tegid** ajalugu ja ta teadis seda. Võimud püüdsid ülestõusu maha suruda, kuid see muutis inimesi vaid veelgi otsusekindlamaks. Lõpuks, pärast nädalaid kestnud proteste, võitis Eesti oma **vabaduse** ja Liina võis lõpuks ometi ilma murede ja piiranguteta oma südant välja laulda.

Ta rõõmustas koos oma kaasmaalastega, kui nad tähistasid oma raskelt võidetud vabadust. Nüüdseks on möödunud mitu aastat sellest, kui algas laulev revolutsioon, nagu seda hakati **nimetama.** Nüüdseks on Liina edukas laulja ja laulukirjutaja ning tema **muusikat** armastavad inimesed üle Eesti. Ta mäletab neid uimastavaid vabaduse päevi ikka veel suure kiindumusega ja teab, et laulude jõud on alati osa tema riigi loost. Tänapäeval kasutab Liina oma **platvormi**, et võtta sõna Eestis tõusva natsionalismi vastu. Ta teab, et riik on pärast neid süngeid nõukogude võimu päevi

Zingende revolutie

Het was een tijd van grote **beroering** in Estland. De Sovjet-Unie was ineengestort, en de mensen drongen aan op onafhankelijkheid. Onder hen was een jonge vrouw, Liina, die van niets anders droomde dan vrij te kunnen zingen zonder **angst** voor represailles. Zij sloot zich aan bij de anderen in de straten, zong patriottische liederen en riep op tot beëindiging van de Russische overheersing. Het was een onstuimige tijd, en ze voelde zich levendiger dan ooit tevoren. Ze waren geschiedenis **aan het schrijven**, en dat wist ze. De autoriteiten probeerden de opstand de kop in te drukken, maar dat maakte het volk alleen maar vastberadener. Uiteindelijk, na weken van protesten, won Estland zijn **vrijheid** en kon Liina eindelijk haar hart uitzingen zonder zorgen of beperkingen.

Ze verheugde zich met haar landgenoten toen ze hun zwaarbevochten vrijheid vierden. Het is nu enkele jaren geleden dat de Zingende Revolutie, zoals ze **bekend** kwam te staan, begon. Liina is nu een succesvolle zangeres en liedjesschrijfster, en haar **muziek** is geliefd bij mensen in heel Estland. Ze denkt nog steeds met veel liefde terug aan die onstuimige dagen van vrijheid, en ze weet dat de kracht van het lied altijd deel zal uitmaken van het verhaal van haar land. Tegenwoordig

jõudnud nii kaugele ja ta ei taha näha, et taandarengut tehakse. Ta usub, et tema muusika on hea jõud ja võib aidata **tervendada** ühiskonnas tekkivaid lõhede.

Liina uusim album on kogumik laule sallivusest ja mõistmisest. See on saanud hea vastuvõtu nii kriitikute kui ka fännide poolt, paljud **on** öelnud, et see on täpselt see, mida Eesti praegu vajab. Ta jätkab oma häälega rahu ja ühtsuse edendamist oma armastatud kodumaal, lootes, et ühel päeval saavad kõik selle kodanikud taas **koos** laulda ilma hirmu ja vihkamiseta. Tulevik on ebakindel, kuid Liina jääb lootma. Ta teab, et laulu jõud võib muuta maailma, ja ta on otsustanud kasutada oma häält selleks, et muuta Eesti paremaks kohaks **kõigi jaoks**.

gebruikt Liina haar **platform** om zich uit te spreken tegen de opkomende stroom van nationalisme in Estland. Ze weet dat het land zo ver gekomen is sinds de donkere dagen van de Sovjetoverheersing, en ze wil niet dat het terugvalt. Ze gelooft dat haar muziek een kracht ten goede is en kan helpen om de verdeeldheid die in de samenleving aan het ontstaan is, te **helen**.

Liina's nieuwste album is een verzameling liedjes over tolerantie en begrip. Het is goed ontvangen door zowel critici als fans, en veel **mensen** zeggen dat het precies is wat Estland op dit moment nodig heeft. Ze zal haar stem blijven gebruiken om vrede en eenheid te promoten in haar geliefde thuisland, in de hoop dat op een dag alle inwoners weer **samen zullen kunnen** zingen zonder angst of haat. De toekomst is onzeker, maar Liina blijft hoopvol. Ze weet dat de kracht van zang de wereld kan veranderen, en ze is vastbesloten haar stem te gebruiken om van Estland een betere plek voor **iedereen te** maken.

Arusaamise küsimused

1. Mis oli Nõukogude Liidu kokkuvarisemine?

2. Mida üritasid võimud teha ülestõusu vastu?

3. Mida Eesti lõpuks võitis?

4. Millest räägib Liina viimane album?

5. Kuidas võeti vastu Liina viimane album?

6. Mida loodab Liina Eesti tulevikuks?

7. Kuidas tundis Liina end vabaduse uimastavatel päevadel?

8. Mida Liina usub, et tema muusika on jõud?

9. Mida teab Liina laulude võimest?

10. Milleks on Liina otsustanud oma häält kasutada?

Begrip vragen

1. Wat was de ineenstorting van de Sovjet-Unie?

2. Wat probeerden de autoriteiten tegen de opstand te doen?

3. Wat heeft Estland uiteindelijk gewonnen?

4. Waar gaat Liina's laatste album over?

5. Hoe werd Liina's laatste album ontvangen?

6. Wat is Liina's hoop voor de toekomst van Estland?

7. Hoe voelde Liina zich tijdens de onstuimige dagen van vrijheid?

8. Waar denkt Liina dat haar muziek een kracht voor is?

9. Wat weet Liina over de kracht van het lied?

10. Waarvoor is Liina vastbesloten haar stem te gebruiken?

Rannas

Pärast päikesetõusu on lained kõvemad ja liiv üle loodete valge. Ma kõnnin alla randa, **imetlen** merd ja päikest. Mu varbad tunnetavad kallaste sooned. Liiv on mu varvastel külm. Naeratan ja lähen edasi. Vooluhulk on kõrge, nii et pean olema ettevaatlik, et mind ei tõmbaks sisse. Kõnnin mööda veepiiri, imetlen merd. Päikesetõus on **ilus** ja lained mürisevad. Tunnen end nii rahulikult. Jõuan kohale, kus on kiviklipp. Istun maha ja vaatan laineid. Vesi on nii sinine ja taevas on nii **oranž**. Ma tunnen, et olen nagu unes. Panen silmad kinni ja kuulan lihtsalt laineid. Istun seal kaua, kuni kuulen, et keegi hüüab mu nime.

Ma avan silmad ja näen ema minu poole kõndimas. Tal on murelik ilme. Naeratan ja lehvitan ning ta **rahuneb**. "Ma mõtlesin, kuhu sa läksid," ütleb ta. "Mul on hea meel, et sa naudid randa." Ma vastan: "Olen." "Siin on nii ilus." "Ma tean," ütleb ta. "Ma käisin siin kogu aeg, kui olin sinu vanuses." "Tõesti?" Ma küsin. "Jah," vastab ta. "See on eriline koht." "Kas sa oled siin kunagi kedagi erilist kohanud?" Ma küsin. "Olen," vastab ta naeratades. "Sinu isa." "Tõesti?" **Üllatun**, ütlen ma. "Jah," ütleb ta. "Me käisime siin kogu aeg koos. See on koht, kus me armusime. " Naeratan, **kujutades ette, kuidas** mu vanemad selles kaunis rannas armuvad.

Op het strand

Na zonsopgang zijn de golven luider en het zand boven de vloed is wit. Ik loop naar het strand en **bewonder** de zee en de zon. Mijn tenen voelen de groeven van schelpen. Het zand is koud aan mijn tenen. Ik glimlach en loop door. Het is vloed, dus ik moet oppassen dat ik er niet in word getrokken. Ik loop langs de waterkant en bewonder de zee. De zonsopgang is **prachtig**, en de golven beuken. Ik voel me zo vredig. Ik kom op een plek waar een rots uitsteekt. Ik ga zitten en kijk naar de golven. Het water is zo blauw en de lucht is zo **oranje**. Ik voel me alsof ik in een droom ben. Ik sluit mijn ogen en luister alleen maar naar de golven. Ik zat daar een hele tijd, tot ik iemand mijn naam hoorde roepen.

Ik open mijn ogen en zie mijn moeder naar me toe lopen. Ze heeft een bezorgde blik op haar gezicht. Ik glimlach en zwaai, en ze **ontspant zich**. “Ik vroeg me al af waar je was,” zegt ze. “Ik ben blij dat je van het strand geniet.” Ik antwoord: “Dat doe ik.” “Het is hier zo mooi.” “Ik weet het,” zegt ze. “Ik kwam hier altijd toen ik zo oud was als jij.” “Echt waar?” Vraag ik. “Ja,” antwoordt ze. “Het is een speciale plek.” “Heb je hier ooit een speciaal iemand ontmoet?” Vraag ik. “Ik wel,” antwoordt ze met een glimlach. “Je vader.” “Echt waar?” Zeg ik, **verbaasd**. “Ja,” zegt ze. “We kwamen hier altijd

“See on eriline koht,” kordab ta. “Mul on hea meel, et sa täna siia tulid.”

Istume seal veel mõnda aega, **vaadates** laineid ja päikeseloojangut. Siis tõuseme üles ja kõnnime tagasi oma rannarätikute juurde. Ma heidan pikali ja vaatan tähti. Tunnen end nii õnnelikuna ja rahulolevana. Lained on nüüd valjemini ja liiv on külm. Päike on loojumas ja puhub jahe tuul. Lained löövad vastu randa ja õhus on soolalõhn. See on täiuslik õhtu rannas olemiseks. Ma kõnnin piki randa, **kuulan** lainete kohinat ja vaatan päikeseloojangut. Näen rühma inimesi, kes istuvad liival, naeravad ja naljatlevad. Nad näevad välja, et neil on lõbus. Lähen nende juurde ja küsin, kas ma võin nendega ühineda. Nad ütlevad “jah” ja me veedame ülejäänud õhtu vesteldes, naerdes ja **päikeseloojangut** vaadates. See on täiuslik õhtu. Rühm ja mina räägime kuni päikeseloojanguni. Jagame lugusid ja nalju ning meil kõigil on väga lõbus. Kui õhtu hakkab langema, hakkame kõik väsima. Me suudleme üksteist **hüvasti** ja läheme lahku. Ma kõnnin tagasi oma hotelli, tundes end õnnelikult ja rahulolevalt. Ma ei suuda uskuda, kui ilus on siin. Ma olen nii õnnelik, et olen seda **kogenud.**

samen. Het is waar we verliefd werden. “ Ik glimlach en **stel me voor hoe** mijn ouders verliefd werden op dit prachtige strand. “Het is een speciale plek,” herhaalt ze. “Ik ben blij dat je hier vandaag bent.”

We zitten daar nog een tijdje, **kijken naar** de golven en de zonsondergang. Dan staan we op en lopen terug naar onze strandhanddoeken. Ik ga liggen en kijk naar de sterren. Ik voel me zo gelukkig en tevreden. De golven zijn nu luider, en het zand is koud. De zon gaat onder en er waait een koel briesje. De golven beuken tegen de kust, en de geur van zout hangt in de lucht. Het is een perfecte avond om op het strand te zijn. Ik loop langs het strand, **luister** naar het geluid van de golven en kijk naar de zonsondergang. Ik zie een groep mensen op het zand zitten, lachend en grapjes makend. Ze zien eruit alsof ze het naar hun zin hebben. Ik loop naar ze toe en vraag of ik erbij mag komen zitten. Ze zeggen ja, en we brengen de rest van de avond door met praten, lachen en kijken naar de **zonsondergang**. Het is een perfecte avond. De groep en ik praten tot de zon ondergaat. We delen verhalen en grappen, en we hebben allemaal een geweldige tijd. Als de avond begint te vallen, beginnen we allemaal moe te worden. We kussen elkaar **vaarwel** en gaan uit elkaar. Ik loop terug naar mijn hotel en voel me gelukkig en tevreden. Ik kan niet geloven hoe mooi het hier is. Ik ben zo gelukkig dat ik het heb mogen **meemaken**.

Arusaamise küsimused

1. Kuhu läheb jutustaja pärast ärkamist?

2. Mida imetleb jutustaja, kui ta mööda randa kõnnib?

3. Mida peab jutustaja jälgima, kui ta mööda randa kõnnib?

4. Kuhu istub jutustaja, et nautida vaadet?

5. Kui kaua jutustaja seal istub?

6. Keda näeb jutustaja, kui ta taas silmad avab?

7. Mida ütleb jutustaja ema?

8. Millest räägivad jutustaja ja inimesed, kellega ta kohtub?

Begrip vragen

1. Waar gaat de vertelster heen nadat ze wakker is geworden?

2. Wat bewondert de vertelster als ze langs het strand loopt?

3. Waar moet de vertelster op letten als ze langs het strand loopt?

4. Waar gaat de verteller zitten om van het uitzicht te genieten?

5. Hoe lang blijft de verteller daar zitten?

6. Wie ziet de verteller als ze haar ogen weer opent?

7. Wat zegt de moeder van de verteller?

8. Waar praten de verteller en de mensen die ze ontmoet over?

Telkimine järve ääres

Ma kõnnin järve poole, **imetledes** selle rahulikku maastikku. Päike paistab väikesele järvele, muutes vee nagu klaasist. Ainus liikumine on aeg-ajalt pinnast **murdnud** kalade lainetus. Isegi linnud näivad kuumusest puhkavat, õhku täidab vaid tsiteerivate tšikatade heli. **Järsku** murrab rahu vali pritsimine. Suur **kala** on hüpanud veest välja, püüdes kinni liblikat. Kala ei taba oma sihtmärki ja kukub priskelt vette tagasi. “Vau,” mõtlen ma endamisi, “see oli suur kala!”. Vaatan ringi, et näha, kas keegi teine nägi seda, kuid kedagi ei ole ümberringi. Pean vist neile rääkima, kui laagrisse tagasi jõuan.

Kuumus on **rõhuv**, mistõttu on raske hingata. Õhk on paks ja raske, nagu oleks see nagu tekk sinu ümber mähitud. Ainus leevendus on vesi. See on jahe ja värskendav, nagu külm jook kuumal päeval. Hingan sügavalt sisse ja sukeldun vette. Leevendus on kohene, kui jahe vesi mind ümbritseb. Uin alla põhja ja siis tagasi pinnale, tundes, kuidas vesi mu keha jahutab. Ma jätkan **ujumist**, nautides kuumusest vabanemist. Mõne aja pärast tulen veest välja ja heidan murule pikali, lastes päikesel oma keha kuivatada. Sulgen

Kamperen aan het meer

Ik loop naar het meer en **bewonder** de vredigheid van het tafereel. De zon schijnt op het meertje, waardoor het water een glazen plaat lijkt. De enige beweging is af en toe een rimpeling van een vis **die** het wateroppervlak breekt. Zelfs de vogels lijken een pauze te nemen van de hitte, met alleen het geluid van cicaden die de lucht vullen. **Plotseling** wordt de rust verbroken door een luide plons. Een grote **vis** is uit het water gesprongen, in een poging een libel te vangen. De vis mist zijn doel en valt met een plons terug in het water. “Wow,” denk ik bij mezelf, “dat was een grote vis!.” Ik keek om me heen om te zien of iemand anders hem had gezien, maar er was niemand in de buurt. Ik denk dat ik het ze zal moeten vertellen als ik terug ben in het kamp.

De hitte is **drukkend**, waardoor het moeilijk is om te ademen. De lucht is dik en zwaar, als een deken om je heen gewikkeld. De enige verlichting is in het water. Het is koel en verfrissend, als een koud drankje op een warme dag. Ik haal diep adem en duik in het water. De opluchting is onmiddellijk als het koele water me omringt. Ik zwem naar de bodem en dan weer naar de oppervlakte, terwijl ik voel hoe het water mijn lichaam

silmad ja vajun magama, **tšikatade** heli uinutab mind sügavasse unne. Lasen päikesel küpsetada vee oma nahast välja. Tunnen, kuidas mu nahk punetab, kuid ma ei hooli sellest. Mul on liiga palav, et sellest hoolida. järgmine asi, mida ma tean, on päike loojumas. Taevas on kaunis oranž, roosade ja lillade triipudega. Kuumus on kadunud, asemele on tulnud jahe **tuul**.

Tõusen üles ja panen riided selga, tundes end värskena ja noorena. **Hingan** sügavalt **sisse** jahedat õhku ja naeratan. On hea tunne olla elus. Kõnnin tagasi laagripaika, imetledes seda, kuidas värvid taevas tantsivad. Näen eemal põlevat lõket ja tunnen õhus suitsu lõhna. Naeratan ja **kiirendan** sammu. Olen valmis lõõgastuma ja nautima ülejäänud õhtut. Jalutan laagriplatsile ja näen, et kõik on kogunenud lõkke ümber. Nad **naeravad** ja naljatlevad ning ma näen, kuidas tuli peegeldub nende silmades. Naeratan ja istun oma sõprade kõrvale. On hea olla tagasi. Järgmisel hommikul ärkan varakult ja hakkan oma asju kokku pakkima. Ma olen innukas, et minna tagasi rajale ja jätkata oma teekonda. Ütlen oma sõpradele hüvasti ja hakkan minema kõndima. Jalutades heidan viimast korda pilgu **laagriplatsile**.

afkoelt. Ik blijf baantjes trekken en geniet van de afkoeling van de hitte. Na een tijdje kom ik uit het water en ga op het gras liggen, zodat de zon mijn lichaam kan drogen. Ik sluit mijn ogen en val in slaap, het geluid van de **cicaden** brengt me in een diepe slaap. Ik laat de zon het water uit mijn huid bakken. Ik voel dat mijn huid rood wordt, maar dat kan me niet schelen. Ik heb het te warm om me zorgen te maken. Het volgende dat ik weet, is dat de zon ondergaat. De lucht is prachtig oranje, met roze en paarse strepen. De hitte is weg, vervangen door een koel **briesje**.

Ik sta op en trek mijn kleren weer aan. Ik voel me verfrist en verjongd. Ik haal diep **adem** uit de koele lucht en glimlach. Het voelt goed om te leven. Ik loop terug naar de camping en bewonder de manier waarop de kleuren in de lucht dansen. In de verte zie ik het kampvuur branden, en ik ruik de rook in de lucht.
Ik glimlach en **versnel** mijn pas. Ik ben klaar om te ontspannen en te genieten van de rest van mijn avond. Ik loop de camping op en zie dat iedereen rond het vuur zit. Ze **lachen** en maken grapjes, en ik kan het vuur in hun ogen zien weerkaatsen. Ik glimlach en ga naast mijn vrienden zitten. Het is goed om terug te zijn. De volgende ochtend sta ik vroeg op en begin mijn spullen in te pakken. Ik sta te popelen om weer op pad te gaan en mijn reis voort te zetten. Ik neem afscheid van mijn vrienden en begin weg te lopen. Terwijl ik loop, werp ik nog een laatste blik op de **camping**.

Arusaamise küsimused

1. Kuhu kõndija läheb?

2. Milline ilm on?

3. Milline näeb vesi välja?

4. Kuidas reageerib kõndija kuumusele?

5. Mida kala teeb?

6. Miks on käija üksi?

7. Kuidas vesi tundub?

8. Kuidas tunneb kõndija end pärast ujumist?

9. Mis kellaaeg on, kui kõndija ärkab?

10. Kuhu läheb käija, kui ta laagrist lahkub?

Begrip vragen

1. Waar gaat de wandelaar heen?

2. Wat voor weer is het?

3. Hoe ziet het water eruit?

4. Hoe reageert de wandelaar op de hitte?

5. Wat doet de vis?

6. Waarom is de wandelaar alleen?

7. Hoe voelt het water aan?

8. Hoe voelt de wandelaar zich na het zwemmen?

9. Hoe laat is het als de wandelaar wakker wordt?

10. Waar gaat de wandelaar heen als hij het kamp verlaat?

Maja

Ma kolisin eelmisel nädalal oma uude majja ja olen nii **elevil**! See on palju suurem kui mu vana ja sellel on suur tagahoov. Ma ei jõua ära oodata, et sõpru grillima ja pidutsema kutsuda. Minu lemmikosa on minu uus magamistuba. See on nii suur ja hele ning mul on palju ruumi, kuhu ma kõik oma asjad paigutada. Ma olen oma uue majaga väga rahul ja ma arvan, et mul on siin väga hea elada. Ma otsustasin maja veidi rohkem uurida. Läksin teisele korrusele ja hakkasin köögi poole minema, kui nägin seinal suurt musta ämblikku! Ma karjusin ja jooksin alla. Ma olin nii **hirmul**! Aga mõne minuti pärast rahunesin ja otsustasin tagasi üles minna. Jõudsin aeglaselt kööki ja nägin, et ämblik oli kadunud. Ma olin nii kergendunud! Läksin tagasi alla ja otsustasin minna õue, et uurida **tagahoovi**. See oli nii suur! Ma ei suutnud seda uskuda. Nägin nurgas kiike ja liugu. Nägin ka korvpallivõrku ja **batuuti**. Ma olin nii elevil!

Ma ei jõua ära oodata, et kasutada kõiki neid uusi asju. **Naabrid tulid** kohale ja tutvustasid end. Nad tundusid väga toredad ja me vestlesime mõnda aega. Nad kutsusid mind järgmisel nädalavahetusel oma grillile ja ma ütlesin, et tulen hea meelega. Mul oli suurepärane esimene nädal uues majas ja ma olen põnevil kõigi uute seikluste pärast, mis ees ootavad. Täna lähen jälle

Het Huis

Ik ben vorige week in mijn nieuwe huis getrokken, en ik ben zo **opgewonden**! Het is zoveel groter dan mijn oude, en het heeft een grote achtertuin. Ik kan niet wachten om vrienden uit te nodigen voor BBQ's en feestjes. Mijn **favoriete** deel is mijn nieuwe slaapkamer. Hij is zo groot en licht, en ik heb veel ruimte om al mijn spullen op te bergen. Ik ben echt blij met mijn nieuwe huis en ik denk dat ik hier heel gelukkig zal zijn. Ik besloot om het huis nog wat verder te verkennen. Ik ging naar boven naar de tweede verdieping en ging op weg naar de keuken toen ik een grote zwarte spin op de muur zag! Ik gilde en rende naar beneden. Ik was zo **bang**! Maar na een paar minuten was ik gekalmeerd en besloot ik terug naar boven te gaan. Ik ging langzaam naar de keuken en zag dat de spin weg was. Ik was zo opgelucht! Ik ging terug naar beneden en besloot naar buiten te gaan om de **achtertuin te verkennen**. Hij was zo groot! Ik kon het niet geloven. Ik zag een schommel in de hoek en een glijbaan. Ik zag ook een basketbalnet en een **trampoline**. Ik was zo opgewonden!

Ik kan niet wachten om al deze nieuwe spullen te gebruiken. De **buren** kwamen langs en stelden zich voor. Ze leken erg aardig, en we hebben een tijdje gepraat. Ze nodigden me uit voor hun BBQ volgend

tagahoovi uurima ja vaatan, mida ma veel leian. Kes teab, võib-olla leian isegi mõne **aarde**. Ma ei jõua ära oodata, mida järgmine nädal toob! Järgmisel nädalal läksin jälle tagahoovi uurima ja leidsin **salajase** aia. See oli nii ilus! Kõikjal olid lilled ja väike tiik, kus olid kalad. Samuti nägin ma kiike, mida ma polnud varem näinud. Ma olin nii elevil, et leidsin selle salajase aia, ja ma ei suuda ära oodata, et seda rohkem uurida. See oli nii **ilus**!

Kõikjal olid lilled ja väike tiik, kus olid kalad. Ma nägin ka **kiike, mida ma polnud** varem näinud. Ma olin nii põnevil, et leidsin selle salajase aia, ja ma ei suuda ära oodata, et seda rohkem uurida. Mulle meeldis ka minu uus tuba. See oli nii suur ja hele ning seintel olid juba minu lemmikbändide plakatid. Ma ei pidanud isegi mitte ühtegi oma **mööblit** kaasa võtma, sest siin oli juba olemas voodi, kapp ja kirjutuslaud. See saab olema parim aasta üldse! Ma olin natuke närvis, et alustan uues **koolis, aga** kõik mu uued naabrid on olnud nii sõbralikud. Ma kohtusin isegi ühe tüdrukuga, kes elab naabruses, ja ta ütles, et läheb minuga esimesel päeval koos kooli.

weekend, en ik zei dat ik graag zou komen. Ik had een geweldige eerste week in mijn nieuwe huis, en ik ben opgewonden over alle nieuwe avonturen die in het verschiet liggen. Vandaag ga ik weer op verkenning in de achtertuin en kijken wat ik nog meer kan vinden. Wie weet, misschien vind ik wel een **schat**. Ik kan niet wachten om te zien wat de volgende week brengt!
De volgende week ging ik weer op verkenning in de achtertuin, en ik vond een **geheime** tuin. Het was zo mooi! Er waren overal bloemen en een kleine vijver met vissen erin. Ik zag ook een schommel die ik nog niet eerder had gezien. Ik was zo opgewonden toen ik deze geheime tuin vond, en ik kan niet wachten om hem verder te verkennen. Het was zo **mooi**!

Er waren overal bloemen en een kleine vijver met vissen erin. Ik zag ook een **schommel** die ik nog niet eerder had gezien. Ik was zo opgewonden toen ik deze geheime tuin vond, en ik kan niet wachten om hem verder te verkennen. Ik vond mijn nieuwe kamer ook geweldig. Hij was zo groot en licht, en er hingen al posters van mijn favoriete bands aan de muur. Ik hoefde niet eens mijn eigen **meubels** mee te nemen, want er stonden al een bed, een dressoir en een bureau. Dit wordt het beste jaar ooit! Ik was een beetje nerveus om op een nieuwe **school** te beginnen, maar al mijn nieuwe buren zijn zo vriendelijk. Ik heb zelfs een meisje ontmoet dat naast me woont, en ze zegt dat ze op mijn eerste dag met me naar school zal lopen.

Arusaamise küsimused

1. Kus isik elab?

2. Kuidas inimesele uues majas meeldib?

3. Mis on inimese lemmikosa uues majas?

4. Mida leidis inimene aiast?

5. Kes on naabrid?

6. Kuidas tundusid isiku esimesed päevad uues majas?

7. Mis on isiku lemmikosa uues toas?

8. Mida kavatseb isik homme teha?

9. Mis oli inimese esimese nädala parim osa uues majas?

10. Mis kõik on inimese uues toas?

Begrip vragen

1. Waar woont de persoon?

2. Hoe vindt de persoon het in het nieuwe huis?

3. Wat is het favoriete deel van het nieuwe huis van de persoon?

4. Wat heeft de persoon in de tuin gevonden?

5. Wie zijn de buren?

6. Hoe voelde de persoon zich de eerste dagen in het nieuwe huis?

7. Wat is het favoriete deel van de nieuwe kamer van de persoon?

8. Wat is de persoon van plan morgen te doen?

9. Wat was het beste deel van de eerste week van de persoon in het nieuwe huis?

10. Wat is er allemaal in de nieuwe kamer van de persoon?

Rongis

Ma jooksin rongijaama, kuid olin liiga hilja. Rong oli juba ilma minuta ära sõitnud. Ma olin nii **vihane** ja **pettunud** endas. Mul oli plaanis sõita rongiga oma maal elavate vanavanemate juurde, kuid nüüd pidin ma terve tunni järgmist rongi ootama. Otsustasin selle asemel veidi aega linnas ringi jalutada ja püüdsin unustada oma kaotatud võimalust. Jalutades hakkasin **unistama** kõigist kohtadest, kuhu **rongiga** saab sõita. Järsku ei olnud ma enam nii ärritunud. Suunan tagasi jaama ja ei saa jätta märkamata suurt punavalget ja sinist vedurit, mis tormab minu poole. Alles siis, kui näen, kuidas **konduktor** mulle aknast lehvitab, saan aru, et see rong on minu jaoks. Ma astun rongile ja leian oma istekoha, asudes pikaks peetavaks reisiks sisse.

Kui me jaamast välja sõidame, ei saa ma muud teha, kui mõtlen, kuhu see rong mind viib. Läbi roheliste **põldude** ja üle siniste jõgede, mööda mägede ja orgude, ei tea, kuhu see vana rong sõidab. Kui öö hakkab langema, vajun ma **rahulikku** unne, mida lummab vagunite **rütmiline** liikumine rööbasteel. Kui hommik jälle saabub, avan silmad ja avastan, et oleme jõudnud väikesesse linna kusagil keset mitte midagi. Päike paistab just üle horisondi, kui kohalikud hakkavad Main Streetil ringi liikuma; see näeb siin välja nagu iga

In de trein

Ik rende naar het treinstation, maar ik was te laat. De trein was al vertrokken zonder mij. Ik voelde me zo **boos** en **teleurgesteld** in mezelf. Ik was van plan om met de trein naar mijn grootouders te gaan die op het platteland wonen, maar nu moest ik een heel uur wachten op de volgende trein. Ik besloot in plaats daarvan een eindje door de stad te lopen en probeerde mijn gemiste kans te vergeten. Terwijl ik liep, begon ik **te dagdromen** over alle plaatsen waar **treinen** je kunnen brengen. Plotseling was ik niet meer zo van streek. Ik liep terug naar het station en zag de grote rood-wit-blauwe locomotief die op me af kwam rijden. Pas als ik de **conducteur** vanuit het raam naar me zie zwaaien, realiseer ik me dat deze trein voor mij is. Ik stap in de trein en zoek een zitplaats. Ik ga zitten voor wat een lange reis belooft te worden.

Terwijl we het station uitrijden, vraag ik me af waar deze trein me heen zal brengen. Door groene **velden** en over blauwe rivieren, langs bergen en valleien, het is niet te zeggen waar deze oude trein heen zal gaan. Als de nacht begint te vallen, drijf ik weg in een **vredige** slaap, gewiegd door de **ritmische** beweging van de wagons op de sporen beneden. Als het weer ochtend wordt, open ik mijn ogen en zie dat we in een klein stadje

teine päev, välja arvatud üks asi - linnavalitsuse lähedal on suur silt “Tere tulemast!”. Tundub, et see väike linn on meid juba oodanud, kuigi me oleme lihtsalt tavaline reisirong, mis sõidab siit läbi. Kui jätame linna taas kord selja taha, tormates edasi, kes teab kuhu, naeratan kõigile sõbralikele nägudele, kes lehvitavad hüvasti nendest väikestest majadest, mis asuvad **põllumaade** vahel **- see** on tõesti hämmastav, kuidas midagi nii näiliselt tavalist võib tuua nii palju rõõmu lihtsalt läbisõiduga. Ja siis on muidugi **lapsed**.

Ma kummardun oma veduri aknast välja. Nad teevad mind oma säravate silmade ja suure naeratusega alati nii õnnelikuks. Ma lehvitan neile energiliselt tagasi, enne kui naasen oma **kajutisse** ja võtan istet. See on juba olnud pikk päev, kuid see pole veel lõppenud; on veel paar tundi, enne kui jõuame oma **lõppsihtkohta**. Võtan välja oma raamatu ja hakkan lugema, lastes rongi rütmilisel kiikumisel end rahulikku seisundisse uinutada. Aeg-ajalt heidan pilgu õuest mööduvale maastikule - see ei saa kunagi vanaks, ükskõik kui palju kordi ma seda näen. Lõpuks hakkab õhtu langema ja kauguses hakkavad **vilkuvad** tuled paistma; me oleme nüüd juba lähedal. Varsti jõuame jaama ja peatume.

ergens in niemandsland zijn aangekomen. De zon komt net boven de horizon als de plaatselijke bevolking zich in de hoofdstraat begint te mengen; het ziet er hier uit als elke andere dag, behalve één ding - er hangt een groot bord bij het stadhuis met de tekst "Welkom aan boord!" Het lijkt erop dat dit stadje ons verwacht, ook al zijn we maar een gewone passagierstrein op doorreis naar elders. Terwijl we de stad weer achter ons laten, op weg naar wie weet waar, glimlach ik om al die vriendelijke gezichten die ons uitzwaaien vanuit die kleine huisjes tussen **het boerenland -** het is echt verbazingwekkend hoe iets dat zo gewoon lijkt, zoveel vreugde kan brengen door er gewoon langs te rijden. En dan, natuurlijk, zijn er de **kinderen**.

Ik leun uit het raam van mijn locomotief. Ze maken me altijd zo blij met hun stralende ogen en grote grijnzen. Ik zwaai energiek naar ze terug voordat ik terugga naar mijn **cabine** en ga zitten. Het was al een lange dag, maar hij is nog niet voorbij; het duurt nog een paar uur voordat we onze **eindbestemming** bereiken. Ik pak mijn boek en begin te lezen, terwijl het ritmische schommelen van de trein me in een vredige toestand brengt. Af en toe kijk ik op naar het landschap dat buiten aan me voorbijtrekt - het verveelt nooit, hoe vaak ik het ook zie. Uiteindelijk begint de nacht te vallen en verschijnen er **twinkelende** lichtjes in de verte; we komen nu in de buurt. Snel genoeg rijden we het station binnen en komen tot stilstand.

Arusaamise küsimused

1. Kuhu sõidab rong?

2. Kes reisib rongiga?

3. Millal rong väljub?

4. Kuidas pääses peategelane rongile?

5. Kust tuleb rong?

6. Kuhu sõidab rong edasi?

7. Millal reisijad saabusid?

8. Mida tunneb peategelane, kui ta rongist maha jääb?

9. Kuidas reageerib rongijuht, kui ta näeb peategelast?

10. Miks peategelasele meeldivad rongid?

Begrip vragen

1. Waar gaat de trein heen?

2. Wie reist er met de trein?

3. Wanneer vertrekt de trein?

4. Hoe komt de hoofdpersoon op de trein?

5. Waar komt de trein vandaan?

6. Waar gaat de trein nu heen?

7. Wanneer zijn de passagiers aangekomen?

8. Hoe voelt de hoofdpersoon zich als hij de trein mist?

9. Hoe reageert de treinmachinist als hij de hoofdpersoon ziet?

10. Waarom houdt de hoofdpersoon van treinen?

Õhtusöögi valmistamine

Kell on nüüd 17.00 ja ma kõnnin töölt koju. **Ootan** rahulikku õhtut kodus koos oma partneriga. Valmistame koos õhtusööki ja siis lihtsalt lõõgastume ülejäänud õhtu. Hea tunne on teada, et mul ei ole täna **õhtul** mingeid plaane ega kohustusi. Jõuan koju ja mu partner on juba köögis, alustades meie õhtusöögi valmistamist. Siin lõhnab **hämmastavalt!** Me vestleme toiduvalmistamise ajal, räägime üksteise päevast ja jagame väikeseid lugusid oma tööelust. Köök on minu lemmikruum meie korteris. Ma armastan süüa teha ja eriti armastan süüa teha koos oma partneriga. Meil on siin alati nii lõbus, me naerame ja naljatame, samal ajal kui me tormiliselt süüa teeme. Lisaks on toit alati **uskumatu,** kui me **koos** töötame.

Täna õhtul teeme ühte minu kõigi aegade lemmikretsepti: **kana** parmesani. Minu partner alustab kana paneerimisega, samal ajal kui mina panen kastme **pliidil** keema. Me töötame koos nagu hästi õlitatud masin ja peagi on õhtusöök serveerimiseks valmis. Istume oma väikese köögilaua taha, **taldrikud** täis kana Parmesani, pastat ja salatit. Klõbistame klaasidega ja võtame esimese suutäie - ja see on **taevalik**! Kana

Diner koken

Het is nu 5 uur ‘s middags en ik loop van mijn werk naar huis. Ik kijk **uit** naar een rustige avond thuis met mijn partner. We zullen samen eten koken en dan de rest van de avond ontspannen. Het voelt goed om te weten dat ik deze **avond** geen plannen of verplichtingen heb. Ik kom thuis en mijn partner is al in de keuken om ons eten klaar te maken. Het ruikt hier geweldig! We kletsen terwijl we koken, praten bij over elkaars dagen en delen kleine verhalen uit ons werkleven. De keuken is mijn favoriete kamer in ons appartement. Ik hou van koken, en vooral van koken met mijn partner. We hebben het hier altijd zo gezellig, we lachen en maken grapjes terwijl we koken. En het eten is altijd **heerlijk** als we **samenwerken**.

Vanavond maken we een van m’n lievelingsrecepten: Parmezaanse kip. Mijn partner begint met het paneren van de kip, terwijl ik de saus op het **fornuis** laat pruttelen. We werken samen als een goed geoliede machine en al snel is het eten klaar om op te dienen. We gaan aan onze kleine keukentafel zitten met **borden** vol met Parmezaanse kip, pasta en salade. We klinken op de glazen en nemen onze eerste hap,

on väljastpoolt krõbe, kuid seestpoolt mahlakas; kaste on maitsekas ja täiuslik; pasta on keedetud al dente... kõik maitseb täna absoluutselt ideaalselt. Me mõlemad teame, et see oli üks neist õhtutest, kus kõik on lihtsalt ideaalselt kokku tulnud, kui me **naudime** iga viimast suutäit oma maitsvat sööki. See maitses isegi paremini, kui see lõhnas - mis oli päris kuradi hea! Me lõpetame oma söögi suhteliselt kiiresti, sest kumbki meist ei ole täna eriti näljane, kuid me võtame aega, nautides veel paar **klaasi** veini ja vesteldes samal ajal kergelt sellest ja sellest teemast. Pärast õhtusööki koristame koos kiiresti ära ja liigume siis elutuppa, kus veedame mõnda aega telerit vaadates diivanil **kallistades.**

Pärast pikka **tööpäeva** on nii mõnus olla üksteisele lähedal. Ma tunnen end rahulolevana. Kuigi meil ei olnud sündmusterohket õhtut, oli tore lihtsalt koos aega veeta, ilma et oleksime pidanud kodust välja minema. Vaatasime filmi ja läksime varakult magama, olles **rahul** oma lihtsa õhtuga. Sellest on saanud üks meie lemmiktegevusi õhtutel, kui me ei taha välja minna - lihtsalt lõõgastume kodus ja naudime üksteise seltskonda koduse söögi juures. Alati on tore teada, et saame pärast pikka päeva siia tagasi tulla ja lihtsalt iseendaks jääda.

en het is **hemels**! De kip is knapperig van buiten maar sappig van binnen; de saus is smaakvol en perfect; de pasta is al dente gekookt... alles smaakt absoluut perfect vanavond. We weten allebei dat dit een van die avonden was waarop alles perfect samenkwam en we **genieten van** elke laatste hap van onze heerlijke maaltijd. Het smaakte nog beter dan het rook, en dat was verdomd goed! We eten relatief snel, omdat geen van ons beiden vandaag honger heeft, maar we nemen de tijd om nog een paar **glazen** wijn te drinken terwijl we luchtig kletsen over van alles en nog wat. Na het eten ruimen we snel samen op en gaan dan naar de woonkamer, waar we een poosje **knuffelen** op de bank terwijl we TV kijken.

Het voelt zo fijn om dicht bij elkaar te zijn na een lange dag apart **werken**. Ik voel me voldaan. Ook al hadden we geen avond vol belevenissen, het was fijn om gewoon wat tijd met elkaar door te brengen zonder het huis uit te hoeven. We keken een film en gingen vroeg naar bed, met een **voldaan** gevoel over onze eenvoudige avond. Dit is een van onze **favoriete** dingen geworden om te doen op avonden dat we niet uit willen gaan - gewoon thuis ontspannen en genieten van elkaars gezelschap tijdens een zelfgekookte maaltijd. Het is altijd fijn om te weten dat we hier na een lange dag kunnen terugkomen en gewoon onszelf kunnen zijn.

Arusaamise küsimused

1. Kust on jutustaja pärit?

2. Mida teeb jutustaja pärast tööd?

3. Mida sööb jutustaja õhtusöögiks?

4. Miks meeldib jutustajale köök?

5. Millist rooga valmistab paar?

6. Kuidas tunneb jutustaja end õhtu lõpus?

7. Mis on paari lemmiktegevus?

8. Mida teeb paar, kui nad väsivad?

9. Kus nad magavad?

10. Miks meeldib jutustajale kodus olla?

Begrip vragen

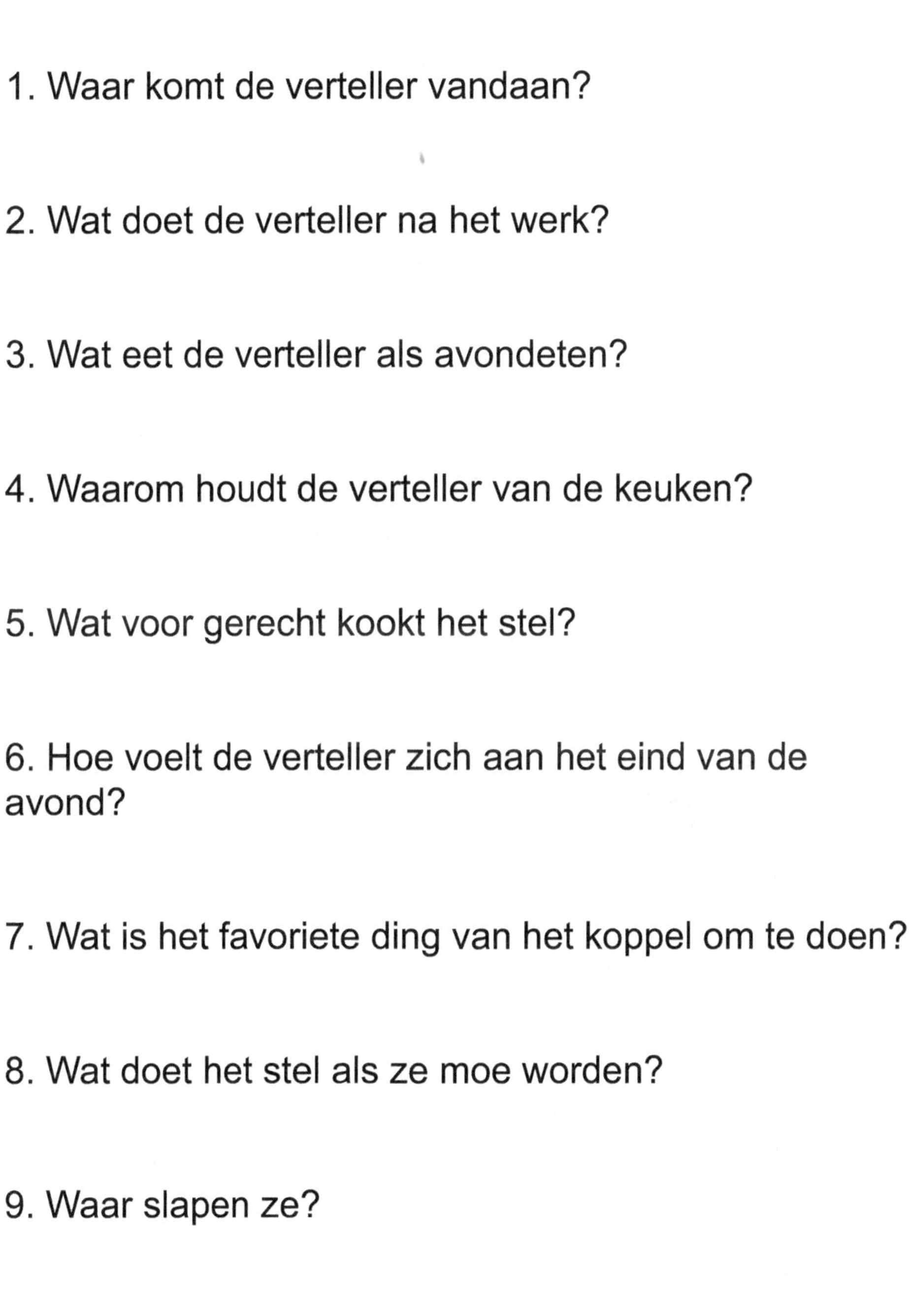

1. Waar komt de verteller vandaan?

2. Wat doet de verteller na het werk?

3. Wat eet de verteller als avondeten?

4. Waarom houdt de verteller van de keuken?

5. Wat voor gerecht kookt het stel?

6. Hoe voelt de verteller zich aan het eind van de avond?

7. Wat is het favoriete ding van het koppel om te doen?

8. Wat doet het stel als ze moe worden?

9. Waar slapen ze?

10. Waarom blijft de verteller graag thuis?

Jalutuskäik koju

See oli **rahulik** õhtu, kui ma töölt koju kõndisin. Jalutades ei saanud ma muud teha, kui naeratada mälestuste üle. Oli hea tunne olla tagasi oma vanas naabruskonnas. Ma lehvitasin mõnele tuttavale inimesele ja nad lehvitasid tagasi. Oli hea olla kodus. Jalutasin oma vanast koolist mööda ja **meenutasin** kõiki häid aegu, mis mul oma sõpradega olid. Me kõndisime alati koos koju ja rääkisime oma päevast. **Mõnikord** peatusime ja võtsime jäätist või läksime parki. Need olid parimad ajad. Ma igatsen neid aegu. Aga nüüd on mul oma pere ja ma olen oma eluga rahul. Mul on hea meel, et ma võin neile mälestustele tagasi vaadata ja naeratada. Need on osa minu elust, mida ma alati kalliks pean. Need olid parimad ajad. Ma igatsen neid aegu. Aga nüüd on mul oma pere ja ma olen oma eluga rahul. Mul on hea meel, et ma saan neile **mälestustele** tagasi vaadata ja naeratada. Need on osa minu elust, mida ma alati kalliks pean.

Ma kõnnin edasi, mõeldes headele aegadele, mis mul oma sõpradega olid. Ma tean, et näen neid varsti uuesti. Ma suundun oma kodu poole ja otsustan kõndida läbi lähedalasuva pargi. Päike on loojumas ja taevas on muutumas **ilusaks** oranžiks. Park on tühi, välja arvatud mõned linnud, kes laulavad puude vahel.

Walking Home

Het was een **rustige** avond toen ik van mijn werk naar huis liep. Terwijl ik liep, kon ik niet anders dan glimlachen bij de herinneringen. Het voelde goed om terug in mijn oude buurt te zijn. Ik zwaaide naar een paar mensen die ik kende, en zij zwaaiden terug. Het was goed om thuis te zijn. Ik liep langs mijn oude school en **herinnerde me** alle leuke tijden die ik had met mijn vrienden. We liepen altijd samen naar huis en praatten over onze dag. **Soms** stopten we om een ijsje te halen of gingen we naar het park. Dat waren de beste tijden. Ik mis die tijden. Maar nu heb ik mijn eigen familie en ik ben blij met mijn leven. Ik ben blij dat ik op die herinneringen kan terugkijken en glimlachen. Ze zijn een deel van mijn leven dat ik altijd zal koesteren. Dat waren de beste tijden. Ik mis die tijden. Maar nu heb ik mijn eigen familie en ben ik gelukkig met mijn leven. Ik ben blij dat ik kan terugkijken op die **herinneringen** en kan glimlachen. Ze zijn een deel van mijn leven dat ik altijd zal koesteren.

Ik blijf lopen, denkend aan de goede tijden die ik had met mijn vrienden. Ik weet dat ik ze snel weer zal zien. Ik ga richting mijn huis en besluit door een park in de buurt te lopen. De zon gaat onder en de lucht kleurt **prachtig** oranje. Het park is leeg, behalve een

Hingan sügavalt **sisse** ja naeratan. Pargis jalutades näen taevas langevat tähte. Soovin seda tähte ja kõnnin edasi. Mõtlen oma tööpäevale ja sellele, kui **rahulik** see oli. Naeratan endale, mõeldes, kui õnnelik ma olen, et mul on nii hea töö. Kõnnin koju, **tundes** jahedat ööõhku oma nahal. Ma tunnen end nii elavana ja õnnelikuna, nautides lihtsalt seda, et kõnnin rahulikul ööl koju. Tundsin end nii hästi, et hakkasin **vilistama**. Jalutasin tänaval mõnest inimesest mööda, kuid nad kõik tegelesid oma asjadega.

Keerasin oma tänavale ja nägin oma naabri kassi, härra Viskit, minu verandal istumas. Ütlesin talle tere ja ta miautas tagasi. **Tegin** ukse **lahti** ja läksin sisse. Olin nii õnnelik, et olin kodus. Võtsin kingad jalast ja valmistasin end voodisse. Läksin sel õhtul magama, olles õnnelik ja tänulik, mu süda oli täis armastust. Magasin terve öö rahulikult, ilma et oleksin millegi pärast muretsenud. Ärkasin rahulikust unest ja mind **tervitas** aknast sisse paistev päike. Tõusin voodist ja sirutasin end, hingasin sügavalt sisse ning tundsin, kuidas jahe õhk mu kopsud täitis. Kõndisin akna juurde ja vaatasin välja, kuulsin lindude siplemist ja **oravate** mängimist. Naeratasin ja läksin riietuma, tundes end õnnelikuna ja rahulolevana.

paar vogels die in de bomen tjilpen. Ik haal diep **adem** en glimlach. Terwijl ik door het park loop, zie ik een vallende ster door de lucht scheren. Ik doe een wens op die ster, en loop verder. Ik denk aan mijn dag op het werk en hoe **vredig** het was. Ik glimlach in mezelf, denkend aan hoe gelukkig ik ben dat ik zo'n geweldige baan heb. Ik loop naar huis en **voel** de koele nachtlucht op mijn huid. Ik voel me zo levendig en gelukkig, gewoon genietend van de eenvoudige handeling van het naar huis lopen op een vredige avond.
Ik voelde me zo goed, dat ik begon te **fluiten**. Ik liep langs een paar mensen op straat, maar ze bemoeiden zich allemaal met hun eigen zaken.

Ik draaide de hoek van mijn straat om en zag de kat van mijn buren, Mr. Whiskers, op mijn veranda zitten. Ik zei hem gedag en hij miauwde terug. Ik **deed** mijn deur **van het slot** en ging naar binnen. Ik was zo blij om thuis te zijn. Ik trok mijn schoenen uit en maakte me klaar om naar bed te gaan. Ik ging die avond naar bed met een blij en dankbaar gevoel, mijn hart vol liefde. Ik sliep de hele nacht rustig door, zonder me ergens zorgen over te maken. Ik werd wakker uit een rustgevende slaap en werd **begroet** door de zon die door mijn raam naar binnen scheen. Ik stapte uit bed en rekte me uit, haalde diep adem en voelde hoe de koele lucht mijn longen vulde. Ik liep naar mijn raam en keek naar buiten, hoorde de vogels kwetteren en de **eekhoorns** spelen. Ik glimlachte en kleedde me aan, blij en tevreden.

Arusaamise küsimused

1. Mida tegi peategelane, kui lugu algas?

2. Mida mõtles peategelane koju kõndides?

3. Mida tavatses peategelane koos sõpradega pärast kooli teha?

4. Mida peategelane nendest aegadest igatseb?

5. Mida arvab peategelane oma praegusest elust?

6. Mida teeb peategelane, kui ta näeb langevat tähte?

7. Mida tunneb peategelane, kui ta koju läheb?

8. Mida teeb peategelane, kui ta koju jõuab?

9. Kuidas tunneb peategelane end järgmisel hommikul ärgates?

10. Mida teeb peategelane järgmisel päeval?

Begrip vragen

1. Wat was de hoofdpersoon aan het doen toen het verhaal begon?

2. Waar dacht de hoofdpersoon aan toen hij naar huis liep?

3. Wat deed de hoofdpersoon vroeger met vrienden na school?

4. Wat mist de hoofdpersoon van die tijd?

5. Wat vindt de hoofdpersoon van zijn huidige leven?

6. Wat doet de hoofdpersoon als hij een vallende ster ziet?

7. Hoe voelt de hoofdpersoon zich als ze naar huis lopen?

8. Wat doet de hoofdpersoon als ze thuiskomen?

9. Hoe voelt de hoofdpersoon zich als hij de volgende ochtend wakker wordt?

10. Wat doet de hoofdpersoon de volgende dag?

Loss

Perekond oli alati tahtnud külastada ühte vana lossi **Saksamaal** ja lõpuks võtsid nad selle reisi ette. Nad ei olnud **pettunud**. Loss oli ilus ning nad nautisid selle paljude tubade ja koridoride avastamist. Esimene asi, mis neid tabas, oli lõhn. Nad leidsid **hallitust**, niiskust ja midagi muud, mida nad ei osanud täpselt määratleda. Teine asi oli heli. Kiviseinad on küll paksud, kuid need ei summuta heli täielikult. Nad kuulsid iga sammu, iga normaalse häälega öeldud sõna ja aeg-ajalt **kuskil** eemal tilkuvat vett. Kui nende silmad kohanesid hämaraga, nägid nad ümberringi massiivseid kiviseinu, mille küljes rippusid seintelt **räsitud** kaltsukesed. Nad seisid tohutus saalis, mille kõrget lage toetasid nikerdatud sambad. Neile meeldis ka tornidest avanev vaade ja lastel oli väga lõbus ringi joosta. **Päike** oli hakanud loojuma, kui nad lossi avastamisega lõpetasid, ja nad kahetsesid, et ei olnud **taskulampi** kaasa võtnud. Nad otsustasid minna tagasi sissepääsu juurde, kuid peagi leidsid nad end eksinud olevat. Nad ekslesid ringi tundus olevat tundide kaupa, kuni lõpuks leidsid nad ukse, mis viis väljapoole. Nad läksid edasi, kuni **jõudsid** saali lõppu ja jõudsid imposantsete topeltuste juurde. Nad püüdsid, kuidas tahtsid, kuid uksed ei liigutanud end. Need kolisesid **kurjakuulutavalt**, kuid ei liikunud sentigi. Näis, et kes iganes siin varem oli, pidi

Het kasteel

De familie had altijd al eens een oud kasteel in **Duitsland** willen bezoeken, en eindelijk hebben ze de reis gemaakt. Ze werden niet **teleurgesteld**. Het kasteel was prachtig, en ze genoten van het verkennen van de vele kamers en gangen. Het eerste wat hen trof was de geur. Ze vonden **schimmel**, vochtigheid, en iets anders waar ze hun vinger niet op konden leggen. Het tweede was het geluid. Stenen muren zijn dik, maar ze dempen het geluid niet volledig. Ze hoorden elke voetstap, elk woord dat met een normale stem werd gesproken, en af en toe een druppeltje water **ergens** in de verte. Toen hun ogen zich aanpasten aan het zwakke licht, zagen zij overal om hen heen massieve stenen muren opdoemen, waaraan wandtapijten in flarden hingen. Ze stonden in een enorme hal met een hoog plafond, ondersteund door gebeeldhouwde pilaren. Ze hielden ook van het uitzicht vanaf de torentjes, en de kinderen vermaakten zich met rondrennen over het terrein. De **zon** begon al onder te gaan tegen de tijd dat ze klaar waren met het verkennen van het kasteel, en ze betreurden het dat ze geen **zaklamp** hadden meegenomen. Ze besloten om terug te gaan naar de ingang, maar al snel waren ze verdwaald. Ze dwaalden urenlang rond, tot ze eindelijk een deur tegenkwamen die naar buiten

siit läbi käima ja need seestpoolt lukustama. Lõpuks leiavad nad väljapääsu. Rahulolu valdas neid, kui nad astusid välja jahedasse ööõhku.

Päike oli hakanud loojuma ja nad **kahetsesid, et** ei olnud taskulampi kaasa võtnud. Nad otsustasid minna tagasi sissepääsu juurde, kuid peagi leidsid nad end eksinud olevat. Nad ekslesid ringi, mis tundus tundide viisi, kuni lõpuks leidsid nad ukse, mis viis **välja**. Kui nad jahedasse ööõhku astusid, valdas neid kergendus. Järgmisel õhtul võtsid nad kindlasti taskulambi kaasa, kui nad uurisid ülejäänud lossi. Nad kõndisid läbi **siseõue** ja alla jõe äärde, mis voolas lossimüüride taga. Kui nad ringi kõndisid, hakkasid nad kuulma kummalisi hääli. See kõlas nii, nagu oleks keegi neid jälginud. Nad kiirendasid oma sammu, kuid hääled muutusid valjemaks ja lähemale. Perekond jooksis nii kiiresti kui võimalik tagasi lossi ja nägid kergendatult, et **tumedas** mantlis tegelane ei olnud neile järgnenud.

leidde. Ze liepen door tot ze **aan het** eind van de gang kwamen bij een imposant stel dubbele deuren. Hoe ze ook probeerden, de deuren wilden niet bewegen. Ze rammelden **onheilspellend**, maar bewogen geen centimeter. Het leek erop dat degene die hier eerder was, hier doorheen was gegaan en ze van binnenuit had afgesloten. Uiteindelijk vinden ze een uitweg. Opluchting overspoelde hen toen ze naar buiten stapten in de koele nachtlucht.

De zon begon onder te gaan en zij **betreurden het** dat zij geen zaklamp hadden meegenomen. Ze besloten terug te gaan naar de ingang, maar al gauw waren ze verdwaald. Ze dwaalden urenlang rond, tot ze eindelijk een deur tegenkwamen die **naar buiten** leidde. Opluchting overviel hen toen ze naar buiten stapten in de koele nachtlucht. De volgende avond namen ze een zaklamp mee om de rest van het kasteel te verkennen. Ze liepen over de **binnenplaats** en naar de rivier die achter de kasteelmuren stroomde. Terwijl ze rondliepen, begonnen ze vreemde geluiden te horen. Het klonk alsof iemand hen volgde. Ze versnelden hun pas, maar de geluiden werden luider en dichterbij. De familie rende zo snel als ze konden terug naar het kasteel, en ze waren opgelucht toen ze zagen dat de figuur in de **donkere** mantel hen niet was gevolgd.

Arusaamise küsimused

1. Mida tegi perekond, kui nad lossi eksisid?

2. Mida tundis perekond, kui nad avastasid, et tegemist on lihtsalt kohaliku mehega?

3. Mida tegi mees, mille tõttu ta arreteeriti?

4. Milline oli selle mehe karistus?

5. Millist müra kuulis perekond jalutuskäigu ajal?

6. Kus oli tumedas mantlis kuju, kui perekond teda nägi?

7. Mida tegi perekond, kui nad oma tuppa tagasi jõudsid?

8. Millal perekond jälle lossi uurima läks?

9. Mis oli see asi, mida pere ei suutnud kindlaks teha?

10. Mida tegi perekond enne, kui nad läksid uuesti lossi uurima?

Begrip vragen

1. Wat deed de familie toen ze verdwaald waren in het kasteel?

2. Hoe voelde de familie zich toen ze erachter kwamen dat het gewoon een lokale man was?

3. Wat heeft de man gedaan waardoor hij gearresteerd is?

4. Wat was de straf voor de man?

5. Welk geluid hoorde de familie tijdens de wandeling?

6. Waar was de figuur in de donkere mantel toen de familie hem zag?

7. Wat deed de familie toen ze terugkwamen in hun kamer?

8. Wanneer ging de familie het kasteel weer verkennen?

9. Wat was het ding waar de familie hun vinger niet op konden leggen?

10. Wat deed de familie voordat ze weer op verkenning gingen in het kasteel?

Minu aed

Minu aed on minu õnnelik koht. Ma lähen sinna iga päev, olgu vihma või vihma, ja veedan aega oma taimede eest hoolitsedes. Mul on natuke **kõike - köögivilju**, puuvilju, lilli, maitsetaimi. Mul on isegi paar kana, kes aitavad kahjureid eemal hoida. Alustan oma päevi aias kanade munade kogumisega. Seejärel kontrollin oma köögivilju, et nad saaksid piisavalt vett ja päikest. Ma rohtun voodeid ja noppin ära kõik putukad, mis võivad taimi **rünnata.** Kui **kõik** on tehtud, istun maha ja naudin looduse rahu ja vaikust.

Mulle on alati meeldinud oma aias aega veeta. Loodus ja kogu selle pakutav **ilu** ümbritsevad mind kuidagi. Minu arvates on see väga rahulik ja rahustav koht. Veedan sageli aega oma aias lihtsalt lõõgastudes ja maastikku nautides. Samuti meeldib mulle aias töötada ja asju kasvatada. Mul on päris suur aed ja mulle meeldib seal erinevaid asju kasvatada. Ma kasvatan lilli, **köögivilju** ja maitsetaimi. Mul on ka mõned viljapuud, mis toodavad maitsvaid õunu, pirne ja ploome. Lisaks kasvatamisele meeldib mulle ka lihtsalt oma aias ringi jalutada ja **imetleda** kõiki erinevaid taimi ja loomi, kes seda aeda koduks peavad. Olen aastate jooksul veetnud palju tunde, et muuta oma **aed** mitte ainult ilusaks, vaid ka funktsionaalseks. Mulle meeldib jälgida

Mijn tuin

Mijn tuin is mijn geluksplek. Ik ga er elke dag heen, regen of zonneschijn, en besteed tijd aan het verzorgen van mijn planten. Ik heb een beetje van **alles: groenten**, fruit, bloemen, kruiden. Ik heb zelfs een paar kippen die helpen het ongedierte op afstand te houden. Ik begin mijn dagen in de tuin met het rapen van eieren bij de kippen. Dan controleer ik mijn groenten en zorg ervoor dat ze genoeg water en zon krijgen. Ik wied de bedden en verwijder insecten die de planten kunnen **aanvallen**. Als **alles** is gedaan, leun ik achterover en geniet van de rust en stilte van de natuur.

Ik heb altijd graag tijd doorgebracht in mijn tuin. Er is iets met het omringd zijn door de natuur en al het **moois** dat zij te bieden heeft. Ik vind het een heel vredige en kalmerende plek. Ik breng vaak tijd door in mijn tuin, gewoon om te ontspannen en te genieten van het landschap. Ik geniet er ook van om in mijn tuin te werken en dingen te kweken. Ik heb een behoorlijk grote tuin, en ik kweek er graag **verschillende** dingen in. Ik kweek bloemen, **groenten** en kruiden. Ik heb ook een paar fruitbomen die heerlijke appels, peren en pruimen voortbrengen. Naast het kweken van dingen, vind ik het ook leuk om gewoon in mijn tuin rond te lopen en de verschillende planten en dieren te

lindude lendlemist ja kuulata nende laulmist. Mõnikord võtan isegi raamatu välja ja loen aias, olles ümbritsetud kogu selle ilu poolt, mille olen loonud. **Aiatöö** on minu kirg ja see toob mulle nii palju rõõmu. Iga päev minu aias on hea päev.

Üks asi, mida ma armastan teha, on süüa teha, seega on hästi varustatud ürdiaed minu jaoks väga **oluline.** Tüümian, basiilik, pune, rosmariin, salvei ja lavendel on vaid mõned maitsetaimed, mida mulle meeldib oma aias kasvatada, et saaksin neid kasutada, kui valmistan endale või **külalistele** toitu. Veel üks asi, mis on minu jaoks oluline, on tagada, et minu aias oleks palju värvi. Selle eesmärgi saavutamiseks kasvatan ma mitmesuguseid lilli, sealhulgas **roose**, lillioone, marliuneid, tulpe, impatiens'e, astelpaju jne. Lisaks lilledega värvide lisamisele meeldib mulle ka huvi lisada, kasutades erinevaid **tekstuure** kogu aias. Näiteks võin ma istutada sõnajalgu kõrguvate päevalillede alla või hostasid **kõrvuti** okkaliste dekoratiivsete rohttaimedega. Olenemata sellest, mis iganes muidu elus toimub, aitab aias töötamine **mul** alati tunda end rohkem loodusega seotud ja endaga rahulikumalt.

bewonderen die er wonen. Ik heb in de loop der jaren vele uren besteed om van mijn **tuin** een plek te maken die niet alleen mooi is, maar ook functioneel. Ik kijk graag naar de vogels die rondfladderen en luister naar hun gezang. Soms haal ik zelfs een boek tevoorschijn en lees in de tuin terwijl ik omringd ben door al het moois dat ik heb gecreëerd. **Tuinieren** is mijn passie en het brengt me zoveel vreugde. Elke dag in mijn tuin is een goede dag.

Een van de dingen die ik graag doe is koken, dus een goed gevulde kruidentuin is erg **belangrijk** voor me. Tijm, basilicum, oregano, rozemarijn, salie en lavendel zijn slechts enkele van de kruiden die ik graag in mijn tuin kweek, zodat ik ze kan gebruiken bij het bereiden van maaltijden voor mezelf of voor **gasten**. Wat ik ook belangrijk vind in mijn tuin is dat er veel kleur in zit. Om dit doel te bereiken, kweek ik een grote verscheidenheid aan bloemen, waaronder **rozen**, lelies, madeliefjes, tulpen, impatiens, goudsbloemen, enz. Naast het toevoegen van kleur met bloemen, vind ik het ook leuk om verschillende **texturen te** gebruiken in de tuin. Zo plant ik bijvoorbeeld varens onder torenhoge zonnebloemen of hosta's **naast** stekelige siergrassen. Wat er verder ook aan de hand is in mijn leven, door in mijn tuin **te** werken voel ik me altijd meer verbonden met de natuur en in vrede met mezelf.

Arusaamise küsimused

1. Kus on autori aed?

2. Mitu kana on autoril?

3. Mida teeb autor iga päev aias?

4. Miks meeldib autorile aed?

5. Milliseid maitsetaimi istutab autor aeda?

6. Miks on autori jaoks oluline, et tema aias on palju värve?

7. Kuidas toob autor oma aeda mitmekesisust?

8. Mida tunneb autor, kui ta oma aias töötab?

9. Mis paneb autorit oma aias viibides ühendama?

10. Miks on iga päev autori aias hea päev?

Begrip vragen

1. Waar is de tuin van de auteur?

2. Hoeveel kippen heeft de schrijver?

3. Wat doet de schrijver elke dag in de tuin?

4. Waarom houdt de auteur van de tuin?

5. Welke kruiden plant de auteur in de tuin?

6. Waarom is het belangrijk voor de auteur dat er veel kleuren in zijn tuin zijn?

7. Hoe brengt de auteur afwisseling in zijn tuin?

8. Hoe voelt de schrijver zich als hij in zijn tuin werkt?

9. Waardoor voelt de auteur zich verbonden als hij in zijn tuin is?

10. Waarom is elke dag in de tuin van de auteur een goede dag?

Ostlemas käimine

Mulle meeldib kaubanduskeskuses **šoppamas** käia. Seal on alati nii lõbus ringi jalutada ja kõiki erinevaid poode vaadata. Kaubanduskeskuses on igaühele midagi ja seal on alati hea võimalus leida soodsaid riideid, jalatseid ja aksessuaare. **Tavaliselt** alustan oma ostureisi kaubanduskeskuse **peasissekäiguga.** Sealt suundun kõigepealt oma lemmikpoodidesse. Pärast nende poodide läbivaatamist kõnnin ringi ja vaatan, kas teistes kohtades on käimas mingi soodusmüük. Tavaliselt veedan kaubanduskeskuses paar tundi, enne kui lõpuks oma ostud teen. Mulle meeldib ostude tegemisel alati aega võtta**, sest** ma tahan olla kindel, et saan **täpselt** seda, mida tahan. Pealegi on nii lihtsalt lõbusam!

Minu jaoks on alati nii **põnev** inimesi vaadata, kui ma olen kaubanduskeskuses. Inimese kohta saab tõesti palju öelda selle järgi, kuidas ta ostab. Mõned inimesed on väga metoodilised ja võtavad endale aega, samas kui teised näivad lihtsalt haaravat **kõikvõimalikke asju** ja suunduvad kassasse nii kiiresti kui võimalik. On ka neid ostjaid, kes tunduvad olevat rohkem huvitatud oma mobiiltelefoniga rääkimisest või tekstisõnumite saatmisest kui kauba vaatamisest! Ükskõik, milline ostja sa ka ei oleks, tundub, et kõik naudivad vaateakende

Gaan winkelen

Ik hou ervan om te gaan **winkelen** in het winkelcentrum. Het is altijd zo leuk om rond te lopen en naar alle verschillende winkels te kijken. Er is voor elk wat wils in het winkelcentrum, en het is altijd een geweldige plek om deals te vinden voor kleren, schoenen en accessoires. Ik begin mijn shoppingtrip meestal met een wandeling door de **hoofdingang** van het winkelcentrum. Van daaruit ga ik eerst naar mijn favoriete winkels. Na het bekijken van die winkels, loop ik rond en kijk of er een verkoop gaande is op andere plaatsen. Meestal ben ik wel een paar uur in het winkelcentrum voordat ik eindelijk mijn aankopen doe. Ik neem altijd graag mijn tijd als ik ga winkelen, **want** ik wil zeker weten dat ik **precies** krijg wat ik wil. Plus, het is gewoon leuker op die manier!

Ik vind het altijd zo **fascinerend** om mensen te kijken als ik in het winkelcentrum ben. Je kunt echt veel over een persoon vertellen door de manier waarop ze winkelen. Sommige mensen zijn heel methodisch en nemen hun tijd, terwijl anderen gewoon lijken te grijpen **wat** ze kunnen en zo snel mogelijk naar de kassa gaan. Er zijn ook shoppers die meer geïnteresseerd lijken te zijn in het praten op hun mobieltje of in sms'en dan in het bekijken van de koopwaar! Het maakt echter

ostmist - isegi kui sa tegelikult midagi ei osta. Kõikide ilusate asjade vaatamine **poeakendest** teeb mind lihtsalt õnnelikuks. Mõnikord fantaseerin sellest, mis oleks, kui ma saaksin endale **kõike seda,** mida ma näen, lubada! Kokkuvõttes on kaubanduskeskuses ostlemise päev üks minu lemmikajaveetmistest. See on suurepärane võimalus lõõgastumiseks ja lõõgastumiseks ning samal ajal saab ka natuke trenni (kui piisavalt palju ringi jalutada). Lisaks on **alati** tore end aeg-ajalt uue särgi või kingapaariga kostitada!

Mul oli **pikk** päev tööl ja lõpuks oli mul aega enda jaoks, nii et otsustasin minna kaubanduskeskusesse sisseoste tegema. Mul oli vaja uusi riideid **eelseisvaks** hooajaks. Kohe, kui ma sisse astusin, nägin kõiki heledaid valgusteid ja säravaid poefronte. Suundusin kõigepealt oma lemmikpoodi ja hakkasin riiuleid sirvima. Leidsin mõned armsad topsid ja proovisin neid riietusruumis. Kui ma ennast peeglist vaatasin, kuulsin, kuidas keegi tuli minu kõrval asuvasse riietusruumi. Ma tundsin tema hääle ära kui ühe oma töökaaslase. Me tervitasime ja hakkasime tööasjadest vestlema. Mõne minuti pärast lõpetasime mõlemad ja läksime **oma** teed, kuid hiljem kohtasime teineteist uuesti. Me jätkasime vestlust ja saime aru, et meil on rohkem ühist, kui me arvasime.

niet uit wat voor soort shopper je bent, iedereen lijkt te genieten van window shopping - zelfs als je niet echt iets koopt. Er is gewoon iets aan het kijken naar al die mooie dingen in de **etalages** dat me gelukkig maakt. Soms fantaseer ik over hoe het zou zijn als ik me **alles** kon veroorloven wat ik zie! Al met al is een dagje winkelen in het winkelcentrum een van mijn favoriete bezigheden. Het is een geweldige manier om te ontspannen en tot rust te komen, terwijl je ook een beetje beweging krijgt (als je maar genoeg rondloopt). Bovendien is het **altijd** leuk om jezelf af en toe te trakteren op een nieuw shirt of een paar schoenen!

Ik had een **lange** dag op het werk en had eindelijk wat tijd voor mezelf, dus besloot ik te gaan winkelen in het winkelcentrum. Ik had wat nieuwe kleren nodig voor het **komende** seizoen. Zodra ik binnenkwam, zag ik al die felle lichten en glimmende etalages. Ik ging eerst naar mijn favoriete winkel en begon door de rekken te snuffelen. Ik vond een paar leuke topjes en paste ze in de kleedkamer. Terwijl ik mezelf in de spiegel bekeek, hoorde ik iemand de kleedkamer naast de mijne binnenkomen. Ik herkende zijn stem als een van mijn collega's. We zeiden hallo en begonnen te kletsen over het werk. Na een paar minuten waren we allebei klaar en gingen we onze **eigen** weg, maar later kwamen we elkaar weer tegen. We praatten verder en beseften dat we meer gemeen hadden dan we dachten.

Arusaamise küsimused

1. Kus teile meeldib kõige rohkem hoiustada?

2. Milline on teie lemmikpood kaubanduskeskuses?

3. Kui kaua te tavaliselt kaubanduskeskuses viibite?

4. Mida arvate inimestest, kes veedavad palju aega kaubanduskeskuses?

5. Mis on teie lemmik asi, mida kaubanduskeskuses teha?

6. Kas olete kunagi ostnud kaubanduskeskusest midagi, mida te tegelikult ei vaja?

7. Kuidas te reageerite, kui näete kaubanduskeskuses midagi, mis teile väga meeldiks, kuid on liiga kallis?

8. Kas olete kunagi näinud kaubanduskeskuses midagi ja mõelnud, kes seda ostaks?

9. Mis on teie arvamus inimestest, kes on kaubanduskeskuses oma mobiiltelefoniga hõivatud, selle asemel et poode vaadata?

Begrip vragen

1. Waar sla je het liefst op?

2. Wat is je favoriete winkel in het winkelcentrum?

3. Hoe lang blijft u meestal in het winkelcentrum?

4. Wat vind je van mensen die veel tijd in het winkelcentrum doorbrengen?

5. Wat is uw favoriete bezigheid in het winkelcentrum?

6. Heb je ooit iets gekocht in het winkelcentrum terwijl je het niet echt nodig had?

7. Hoe reageert u als u in het winkelcentrum iets ziet dat u heel graag zou willen hebben, maar dat te duur is?

8. Heb je ooit iets in het winkelcentrum gezien en je afgevraagd wie het zou kopen?

9. Wat vindt u van mensen die in het winkelcentrum met hun mobieltje bezig zijn in plaats van naar de winkels te kijken?

Turul

Laupäeva hommikul ärkan varakult, et jõuda **turule,** enne kui see liiga täis saab. Viskan selga mõned riided ja lähen uksest välja, haarates teel oma korduvkasutatavad kotid. Jalutades hakkan planeerima, mida tahan eelseisvaks nädalaks teha. Tean, et tahan vähemalt korra köögivilju **praadida,** seega pean ostma kvaliteetseid köögivilju. Samuti tahan teha suppi või hautist, seega pean hankima ka liha. Pean vaatama, mis tundub hea, kui ma sinna jõuan. Turg on vaid mõne kvartali kaugusel ja ma näen juba üles pandud kioskeid ja **inimesi, kes** seal askeldavad.

Saabun turule ja suundun otse köögiviljalauda. Valik on ilus ja ma täidan oma kotid mitmesuguste **värskete** toodetega. Vestlen veidi aega põllumehega ja ta soovitab mulle mõned retseptid. Olen põnevil, et neid proovida. Vestlen **talunikega,** kui ma poes käin, tutvun nende ja nende toodetega. Kui mul on kõik vajalikud köögiviljad olemas, liigun edasi lihaosakonda. Siin olen veidi kõhklevam, sest ma ei ole kindel, mida ma tahan osta. Lõpuks otsustan kana kasuks, sest see on mitmekülgne ja seda saab kasutada paljudes roogades. Samuti ostan paar erinevat lihalõiku, jälgides, et ma ostaksin rohusöödaga kasvatatud veiseliha ja vabapidamisel kasvatatud **kana**. Lihunik oli sõbralik

Op de markt

Ik sta op zaterdagochtend vroeg op, popelend om naar de **markt te gaan** voordat het te druk wordt. Ik trek wat kleren aan en ga de deur uit, terwijl ik onderweg mijn herbruikbare tassen pak. Terwijl ik loop, begin ik te plannen wat ik de komende week wil maken. Ik weet dat ik minstens één keer groenten wil **roosteren**, dus ik moet wat groenten van goede kwaliteit kopen. Ik wil ook een soep of stoofpot maken, dus ik moet ook wat vlees kopen. Ik zal moeten kijken wat er goed uitziet als ik daar ben. De markt is maar een paar straten verderop, en ik zie de kraampjes al staan en de **mensen al rondlopen**.

Ik kom aan op de markt en ga meteen naar de groentekraam. Het aanbod is prachtig en ik vul mijn tassen met een verscheidenheid aan **verse** producten. Ik maak een praatje met de boer en hij raadt me een paar recepten aan. Ik ben enthousiast om ze uit te proberen. Ik maak een praatje met de **boeren** terwijl ik aan het winkelen ben en leer hen en hun producten kennen. Als ik alle groenten heb die ik nodig heb, ga ik naar de vleesafdeling. Ik aarzel een beetje, omdat ik niet zeker weet wat ik wil hebben. Uiteindelijk kies ik voor kip, omdat dat veelzijdig is en in allerlei gerechten kan worden gebruikt. Ik koop

mees, kes oli alati rõõmsameelne, vaatamata pikkadele töötundidele. Ta pakkis mu kanarindu ja praadi kokku, enne kui vestles minuga oma nädalavahetuse plaanidest. Ma jätsin temaga hüvasti ja jätkasin oma teed. Võtsin piimaosakonnast ka mõned munad ja juustu.

Turg oli täis inimesi, kes kõik soovisid saada **kätte** värsket toodangut ja liha, mida pakuti. Õhk oli tihedalt küüslaugu ja sibula lõhnast tulvil ning naeru ja vestluse heli täitis õhku. Ma liikusin läbi rahvahulga, valides oma iganädalase poe jaoks vajalikke kaupu. Täitsin oma **korvi** puu- ja köögiviljade, makaronide ja leivaga, enne kui suundusin kassasse. Järjekord oli pikk, kuid liikus kiiresti. Lõpuks olid viimased **toidukaubad** ostetud ja oli aeg koju minna. Auto sai täis laaditud ja sõit koju oli pikk ja tüütu. Liiklus oli tihe ja kuumus rõhuv. Lõpuks sõitis auto sissesõiduteele ja kergendus oli käegakatsutav. Maja oli jahe ja vaikne ning see oli varjupaik pärast turuhoogu. Kõik oli ära pandud ja majas valitses peagi jälle tavapärane rahu ja vaikus. Mul oli kõik vajalik, et valmistada endale ja oma perele **maitsvaid** toite. Oli hea olla kodus.

ook een paar verschillende stukken vlees, en zorg ervoor dat ik grasgevoerd rundvlees en **scharrelkip koop**. De slager was een vriendelijke man, altijd vrolijk ondanks de lange uren die hij werkte. Hij pakte mijn kippenborst en biefstuk in voordat hij met me praatte over zijn weekendplannen. Ik nam afscheid van hem en vervolgde mijn weg. Ik heb ook nog wat eieren en kaas meegenomen uit de zuivelafdeling.

Het krioelde van de mensen op de markt, die allemaal stonden te popelen om de verse producten en het vlees dat werd aangeboden in **handen te** krijgen. De lucht hing vol met de geur van knoflook en uien, en het geluid van gelach en gesprekken vulde de lucht. Ik baande me een weg door de menigte en zocht de andere dingen uit die ik nodig had voor mijn wekelijkse boodschappen. Ik vulde mijn **mandje** met fruit en groenten, pasta en brood, voordat ik naar de kassa ging. De rij was lang, maar het ging snel. Eindelijk waren de laatste **boodschappen** gedaan, en was het tijd om naar huis te gaan. De auto werd volgeladen, en de rit naar huis was lang en moeizaam. Het verkeer was druk en de hitte was drukkend. Eindelijk reed de auto de oprit op en de opluchting was voelbaar. Het huis was koel en stil, en het was een oase na de drukte van de markt. Alles werd opgeborgen, en het huis was al snel weer in zijn gebruikelijke rust en stilte. Ik had alles wat ik nodig had om **heerlijke** maaltijden te maken voor mezelf en voor mijn gezin. Het was goed om thuis te zijn.

Arusaamise küsimused

1. Kuhu inimene läheb?

2. Mida inimene soovib osta?

3. Mitu kotti on isikul?

4. Kui kaugel on turg?

5. Mida see inimene praegu teeb?

6. Mis on kõik turul?

7. Kui palju inimesi on turul?

8. Kui kaua kulus inimesel aega, et kõik osta?

9. Kuidas inimene koju läks?

10. Mida tegi inimene, kui ta koju jõudis?

Begrip vragen

1. Waar gaat de persoon heen?

2. Wat wil de persoon kopen?

3. Hoeveel tassen heeft de persoon?

4. Hoe ver weg is de markt?

5. Wat doet de persoon op dit moment?

6. Wat is alles op de markt?

7. Hoeveel mensen zijn er op de markt?

8. Hoe lang heeft de persoon erover gedaan om alles te kopen?

9. Hoe is de persoon naar huis gegaan?

10. Wat deed de persoon toen hij of zij thuiskwam?

Kohvikus

Oli jahe sügishommik ja ma olin kokku leppinud, et kohtun oma sõbranna Liliga meie lemmikkohvikus kohvi joomiseks. Pakkusin end soojalt mantlisse ja salli ning läksin teele. Puudelt olid lehed langemas ja õhk oli niru, kuid päike paistis ja see lubas tulla ilus päev. Jalutades **mõtlesin**, kui hea on, et mul on selline sõber nagu Lily. Me olime olnud sõbrad juba aastaid, alates sellest ajast, kui kohtusime **ülikoolis**. Meid ühendas meie armastus kohvi vastu ja kohvikutes vesteldes veedetud aeg. Kuigi me elasime nüüd eri linnaosades, õnnestus meil ikkagi kord nädalas kohvile kohtuda. Kui ma kohvikusse jõudsin, ootas Lily mind juba seal. Me kallistasime teineteist tervitades ja tellisime siis oma kohvid. Leidsime laua akna ääres ja asusime vestlema. **Kohv** oli maitsev, nagu alati, ja Lilyga oli nii tore juttu ajada. Rääkisime oma nädalast, oma töökohtadest ja tulevikuplaanidest. Lilyga oli alati nii lihtne rääkida ja ma tundsin, et võin talle kõike rääkida. Mõne aja pärast hakkas meil nälg tekkima ja me **otsustasime** tellida süüa.

Tellisime oma toidu ja leidsime koha akna ääres. Aknast paistis sisse päike, mis tegi kõik soojaks ja rõõmsaks. Me vestlesime oma toitu süües, nautides üksteise **seltskonnas** olemise lihtsat naudingut. Kohvik

In een café

Het was een kille **herfstochtend** en ik had met mijn vriendin Lily afgesproken in ons favoriete café voor een kopje koffie. Ik wikkelde me warm in mijn jas en sjaal en ging op weg. De bladeren vielen van de bomen en de lucht was een beetje fris, maar de zon scheen en het beloofde een mooie dag te worden. Terwijl ik liep, **dacht** ik aan hoe goed het was om een vriendin als Lily te hebben. We waren al jaren vriendinnen, sinds we elkaar op de **universiteit** ontmoetten. We kregen een band door onze voorliefde voor koffie en het kletsen in cafés. Ook al woonden we nu in verschillende delen van de stad, we kwamen nog steeds één keer per week samen om koffie te drinken. Ik kwam aan bij het café, en Lily zat daar al op me te wachten. We omhelsden elkaar en bestelden onze koffie. We vonden een tafeltje bij het raam en gingen zitten kletsen. De **koffie** was heerlijk, zoals altijd, en het was zo leuk om bij te praten met Lily. We spraken over onze week, onze banen, en onze plannen voor de toekomst. Het was altijd zo makkelijk om met Lily te praten, en ik had het gevoel dat ik haar alles kon vertellen. Na een tijdje begonnen we honger te krijgen en **besloten we** wat eten te bestellen.

We **bestelden** ons eten en zochten een plaatsje bij het raam. De zon scheen door het raam naar binnen,

oli küll hõivatud, kuid see ei tundunud rahvarohke. Õhus valitses rahu ja rahulolu. Kui me oma toidu valmis saime, istusime veel mõnda aega, nautides lihtsalt rahulikku **õhkkonda**. Rääkisime mõnda aega erinevatest asjadest, mis meie elus toimusid. Oli nii mõnus oma sõbraga juttu ajada ja lihtsalt **lõõgastuda**. Päike paistis läbi akna ja tundus, et **miski** ei saa meie täiuslikku päeva rikkuda.

Järsku kuulsin valju kolinat. Pöördusin ringi ja nägin, et üks mees oli läbi lae kukkunud ja lebas meie ees põrandal. Ta oli **kaetud** tolmu ja prahiga ning näis olevat teadvuseta. Minu sõber ja mina olime mõlemad šokis, kui me põrandal lamavat meest vaatasime. Me ei teadnud, mida teha või keda appi kutsuda. Me lihtsalt istusime seal ja vahtisime teda, teadmata, mida teha. Mõne minuti pärast sain end kokku ja helistasin hädaabinumbrile. Operaator ütles mulle, et keegi tuleb varsti kohale. Panin telefoni kinni ja ütlesin oma sõbrale, mida **operaator** oli öelnud. Me mõlemad lihtsalt istusime seal ja ootasime abi saabumist. See tundus igavesti, kuid lõpuks saabus kiirabi. Meedikud tormasid kohale ja hakkasid mehe kallal tööd tegema.

waardoor alles warm en gelukkig aanvoelde. We babbelden terwijl we ons eten aten, en genoten van het simpele plezier om in elkaars **gezelschap** te zijn. Het was druk in het café, maar het voelde niet druk aan. Er hing een gevoel van vrede en tevredenheid in de lucht. Toen we ons eten op hadden, bleven we nog een tijdje zitten, genietend van de vredige **sfeer**. We praatten een tijdje over verschillende dingen die in ons leven waren gebeurd. Het was zo fijn om bij te praten met mijn vriend en gewoon **te ontspannen**. De zon scheen door het raam, en het voelde alsof **niets** onze perfecte dag kon verpesten.

Plotseling hoorde ik een harde klap. Ik draaide me om en zag dat een man door het plafond was gevallen en voor ons op de grond lag. Hij was **bedekt** met stof en puin en leek bewusteloos te zijn. Mijn vriend en ik waren allebei in shock toen we naar de man staarden die op de grond lag. We wisten niet wat we moesten doen of wie we moesten bellen voor hulp. We zaten daar gewoon naar hem te staren, niet wetend wat te doen. Na een paar minuten kwam ik bij en belde 911. De telefoniste zei me dat er zo iemand zou komen. Ik hing de telefoon op en vertelde mijn vriend wat de **telefoniste** had gezegd. We zaten daar allebei te wachten tot er hulp kwam. Het leek wel een eeuwigheid, maar uiteindelijk **kwam** er een ambulance. De ambulancebroeders snelden naar binnen en begonnen met de man te werken.

Arusaamise küsimused

1. Kust tuleb mees, kes kukub läbi katuse?

2. Miks on naine koos oma sõbraga kohvikus?

3. Milline on kahe sõbra lemmikkohvik?

4. Kui kaua on need kaks sõpra teineteist tundnud?

5. Mis on kahe sõbra lemmikjook?

6. Millises linnas elavad need kaks sõpra?

7. Kui tihti kohtuvad need kaks sõpra?

8. Millest räägivad kaks sõpra, kui nad esimest korda oma lemmikkohvikus kohtuvad?

9. Mis on kahe sõbra lemmiktoit?

10. Miks on Lilyga nii lihtne rääkida?

Begrip vragen

1. Waar komt de man vandaan die door het dak valt?

2. Waarom is de vrouw met haar vriendin in het café?

3. Wat is het favoriete café van de twee vrienden?

4. Hoe lang kennen de twee vrienden elkaar al?

5. Wat is het favoriete drankje van de twee vrienden?

6. In welke stad wonen de twee vrienden?

7. Hoe vaak ontmoeten de twee vrienden elkaar?

8. Waar hebben de twee vrienden het over als ze elkaar voor het eerst ontmoeten in hun favoriete café?

9. Wat is het lievelingseten van de twee vrienden?

10. Waarom is het zo makkelijk om met Lily te praten?

Ujumine

Bassein oli alati **värskendav** koht, ja täna ei olnud see teisiti. Päike paistis ja vesi nägi kutsuv välja. Hingasin sügavalt sisse ja sukeldusin, tundes vee jahedat embust. Ujusin mõnda aega ringi, nautides liikumist ja võimalust oma pead puhastada. Mõne aja pärast tulin välja ja kuivatasin end ära, siis istusin rätikule, et päikese käes lõõgastuda. Sulgesin silmad ja lasin **soojusel** end üle ujutada, tundes, kuidas mu lihased hakkavad lõdvestuma. Äkki kuulsin pritsimist ja avasin silmad, et näha oma väikest õde madalas otsas ringi **püherdamas.** Naeratasin ja vaatasin teda mõnda aega, siis tõusin püsti ja läksin tema juurde. Me vestlesime natuke aega ja sõimlesime koos, nautides teineteise seltskonda. Varsti liitusid meiega ka meie vanemad ning me veetsime ülejäänud pärastlõuna koos ujudes ja mängides. Alati oli nii tore veeta aega koos perega basseinis. Vees olemises on **midagi sellist,** mis toob inimesed lihtsalt kokku. Võib-olla sellepärast, et vees olles oleme kõik võrdsed - me ei saa varjata oma vigu ega teeselda, et oleme midagi, mida me ei ole. Või on see lihtsalt sellepärast, et see on lõbus! **Mis iganes** põhjus, mul oli lihtsalt hea meel, et saime kõik kokku tulla ja nautida üksteise seltskonda sellises erilises kohas.

Gaan zwemmen

Het zwembad was altijd een **verfrissende** plek om te zijn, en vandaag was dat niet anders. De zon scheen en het water zag er uitnodigend uit. Ik haalde diep adem en dook erin, de koele omhelzing van het water voelend. Ik zwom een tijdje baantjes, genoot van de beweging en de kans om mijn hoofd leeg te maken. Na een tijdje kwam ik eruit en droogde me af, waarna ik op een handdoek ging zitten om te relaxen in de zon. Ik sloot mijn ogen en liet de **warmte** over me heen spoelen, ik voelde mijn spieren ontspannen. Plotseling hoorde ik een plons en ik opende mijn ogen om mijn kleine zusje te zien **poedelen** in het ondiepe gedeelte. Ik glimlachte en keek een tijdje naar haar, stond toen op en liep naar haar toe. We kletsten wat en peddelden samen wat rond, genietend van elkaars gezelschap. Al snel kwamen onze ouders erbij, en we brachten de rest van de middag zwemmend en spelend door. Het was altijd zo leuk om tijd met de familie in het zwembad door te brengen. Er is **iets** met in het water zijn dat mensen samenbrengt. Misschien is het omdat we allemaal gelijk zijn als we in het water zijn - we kunnen onze gebreken niet verbergen of doen alsof we iets zijn wat we niet zijn. Of misschien is het gewoon omdat het leuk is! **Wat** de reden ook is, ik was gewoon blij dat we allemaal bij elkaar konden komen en van elkaars gezelschap

Päike peksis mu nahale ja õhus oli kloorilõhn. Kuulsin laste naeru ja basseinis pritsimist. Lamasin basseini kõrval oleval lamamistoolil, imesin päikest ja **nautisin** päeva. Mul olid silmad kinni ja ma olin just unne vajumas, kui kuulsin, kuidas keegi minu juurde kõndis. Avasin silmad ja nägin enda kõrval seisvat naist. Tal olid seljas bikiinid ja tal oli rätik ümber vöökoha. Tal olid pikad blondid juuksed ja sinised silmad. Ta hoidis käes pudelit **päikesekreemi.** "Kas sa ei pahanda, kui ma panen sulle selga päikesekreemi?" küsis ta. "Ei, sobib küll," ütlesin, istudes püsti, et ta saaks mu seljale ligi. Tundsin tema käsi mu nahal, kui ta päikesekreemi peale kandis.

Tema puudutus oli õrn ja päikesekreemi lõhn oli rahustav. Sulgesin taas silmad ja lasin end lõdvestada. Kuulsin tema liikumist, kuid ma ei avanud silmi. Olin rahul, kui ma lihtsalt lamasin seal päikese käes, kuulates vastu kalda **loksuvate** lainete heli. Mõne minuti pärast läks ta minema ja ma avasin silmad. Jälgisin teda, kui ta kõndis tagasi oma lamamistooli juurde ja võttis raamatu kätte. Ta istus oma toolile ja hakkas lugema. Ma sulgesin taas silmad ja lasin end unne uinutada.

konden genieten op zo’n speciale plek.

De zon scheen op mijn huid en de geur van chloor hing in de lucht. Ik kon de geluiden horen van lachende kinderen die in het zwembad spetterden. Ik lag op een ligstoel naast het zwembad, te genieten van de zon en **de** dag. Ik had mijn ogen gesloten en wilde net in slaap vallen toen ik iemand naar me toe hoorde lopen. Ik opende mijn ogen en zag een vrouw naast me staan. Ze droeg een bikini en had een handdoek om haar middel gewikkeld. Ze had lang blond haar en blauwe ogen. Ze hield een fles **zonnebrandcrème** in haar hand. “Vind je het erg als ik wat zonnebrandcrème op je rug smeer?” vroeg ze. “Nee, dat hoeft niet,” zei ik, terwijl ik rechtop ging zitten zodat ze bij mijn rug kon. Ik voelde haar handen op mijn huid terwijl ze de zonnebrandcrème aanbracht.

Haar aanraking was zacht en de geur van de zonnebrandcrème was kalmerend. Ik sloot mijn ogen weer en liet me ontspannen. Ik kon het **geluid** van haar bewegingen horen, maar ik opende mijn ogen niet. Ik was tevreden met het feit dat ik daar in de zon lag, luisterend naar het geluid van de golven **die** tegen de kust sloegen. Na een paar minuten liep ze weg, en ik opende mijn ogen. Ik keek naar haar terwijl ze terugliep naar haar ligstoel en haar boek oppakte. Ze nestelde zich in haar stoel en begon te lezen. Ik sloot mijn ogen weer en liet me wegdrijven in slaap.

Arusaamise küsimused

1. Kus oli jutustaja jutustuse alguses?

2. Mida haistab jutustaja, kui ta silmad avab?

3. Mida kuuleb jutustaja, kui ta silmad avab?

4. Kelle päikesekaitsekreemi annab naine jutustajale?

5. Millest unistab jutustaja?

6. Miks on meres ujumine jutustaja jaoks nii eriline?

7.Kuidas tundub vesi, milles jutustaja ujub?

8. Mida näeb jutustaja, kui ta veest välja tuleb?

9. Mida teeb naine pärast seda, kui ta päikesekaitsekreemi jutustaja peale paneb?

10. Millest räägivad jutustaja ja naine loo lõpus?

Begrip vragen

1. Waar was de verteller toen hij het verhaal begon?

2. Wat ruikt de verteller als hij zijn ogen opent?

3. Wat hoort de verteller als hij zijn ogen opent?

4. Van wie is de zonnebrandcrème die de vrouw aan de verteller geeft?

5. Waar droomt de verteller over?

6. Waarom is zwemmen in de zee zo speciaal voor de verteller?

7. Hoe voelt het water aan waarin de verteller zwemt?

8. Wat ziet de verteller als hij uit het water komt?

9. Wat doet de vrouw nadat ze de verteller heeft ingesmeerd met zonnebrandcrème?

10. Waarover praten de verteller en de vrouw aan het eind van het verhaal?

Muru niitmine

Kell on 10 hommikul suvisel **laupäeval** ja päike paistab juba halastamatult. Sa trügid garaaži, et muruniidukit tuua, tundes, et sind on **mõistetud** raskele tööle. Hakkate muru niitma, hoolitsedes selle eest, et käiksite kenasti ja aeglaselt, et mitte ühtegi kohta vahele jätta. Niitmise ajal mõtlete, kui hea tunne on olla värskes õhus. Kui hakkate niidukit üle muru edasi-tagasi lükkama, näete **silmanurgast** oma naabrit. Te lehvitate ja ütlete tere, ja ta lehvitab tagasi.

Mõne minuti pärast olete valmis ja lähete naabri juurde, et koos temaga eesaias õlut juua. See on **ideaalne** päev - mitte liiga kuum, puhub kerge tuul. Istute seal puu varjus, rüübates õlut ja vesteldes naabriga. Just sellised päevad panevad sind suveaega hindama. Siis **suundute** siseruumidesse hästi teenitud õlut võtma. Langete esikusse toolile ja avate purgi, lastes rahulolevalt ohkama. Niiduki heli jääb tahaplaanile, kui sa lõõgastud varjus, nautides hetke **rahulikkust.** Õlu maitseb eriti hästi pärast kogu seda rasket tööd kuumuses. Olin just suundumas sisse, kui kuulsin kõrvalmajas müra.

See **kõlas** nagu keegi oleks nutnud. Ma lõpetasin

Het maaien van het gazon

Het is 10 uur 's ochtends op een zomerse **zaterdag**, en de zon schijnt al ongenadig. Je sjokt naar de garage om de grasmaaier te halen, met het gevoel dat je **veroordeeld bent** tot dwangarbeid. Je begint het gazon te maaien, en zorgt ervoor dat je het rustig aan doet, zodat je niets over het hoofd ziet. Terwijl je aan het maaien bent, denk je aan hoe goed het voelt om buiten in de frisse lucht te zijn. Terwijl u de maaier heen en weer over het gazon duwt, ziet u uw buurman vanuit uw **ooghoek**. Je zwaait en zegt hallo, en hij zwaait terug.

Na een paar minuten ben je klaar, en je gaat naar het huis van je buurman om met hem een biertje te drinken in de voortuin. Het is een **perfecte** dag - niet te warm, met een zacht briesje. Je zit daar in de schaduw van de boom, nipt van je biertje en kletst wat met je buurman. Het zijn dagen als deze die je de zomer doen waarderen. Dan **ga** je naar binnen voor een welverdiend biertje. Je ploft neer in een stoel op de veranda, trekt het blikje open en slaakt een tevreden zucht. Het geluid van de maaier verdwijnt naar de achtergrond terwijl je in de schaduw ontspant en geniet van de **rust** van het moment. Het bier smaakt extra goed na al dat harde werk in de hitte. Ik stond op het

niitmise ja läksin aia juurde, mis eraldas meie õueid. Vaatasin üle ja nägin oma naabrit, proua Johnsoni, kes nuttis oma veranda kiigel. Hüüdsin talle, kuid ta ei kuulnud mind. Ronisin üle aia ja kõndisin tema juurde. “Proua Johnson, kas teil on kõik korras?” Küsisin. Ta vaatas mulle pisarad silmis otsa ja raputas pead. “Ei, ma ei ole korras,” ütles ta. “Mu kass suri eile.” Ma olin šokeeritud. Ma ei teadnud, mida öelda. Seisin lihtsalt kohmetult, teadmata, mida teha. Lõpuks panin käe tema **õlale** ja ütlesin: “Mul on väga kahju, proua Johnson. Kui ma saan kuidagi aidata, palun andke mulle teada. “ Ta raputas pead ja ütles: “Ei, keegi ei saa **midagi** teha.” Siis tõusis ta püsti ja läks oma majja. Seisin seal hetkeks, teadmata, mida teha. Siis läksin tagasi muru niitma. Kui ma lõpetasin, ei saanud ma muud teha, kui mõtlesin proua Johnsonile ja tema kassile.

punt om naar binnen te gaan toen ik een geluid hoorde bij de buren.

Het **klonk** alsof iemand huilde. Ik stopte met maaien en liep naar het hek dat onze tuinen scheidde. Ik keek om en zag mijn buurvrouw, mevrouw Johnson, huilen op haar schommelbank. Ik riep naar haar, maar ze hoorde me niet. Ik klom over het hek en liep naar haar toe. “Mevrouw Johnson, is alles goed met u?” vroeg ik. Ze keek met tranen in haar ogen naar me op en schudde haar hoofd. “Nee, het gaat niet goed met me,” zei ze. “Mijn kat is gisteren gestorven.” Ik was geschokt. Ik wist niet wat ik moest zeggen. Ik stond daar maar wat ongemakkelijk, niet wetend wat ik moest doen. Uiteindelijk legde ik mijn hand op haar **schouder** en zei: “Het spijt me zo, mevrouw Johnson. Als er iets is wat ik kan doen om te helpen, laat het me alsjeblieft weten. “Ze schudde haar hoofd en zei: Nee, er is **niets** dat iemand kan doen. Toen stond ze op en ging haar huis binnen. Ik stond daar een ogenblik, niet wetend wat te doen. Toen ging ik verder met het maaien van mijn gazon. Toen ik klaar was, moest ik denken aan mevrouw Johnson en haar kat.

Arusaamise küsimused

1. Mis kellaaeg on?

2. Kus inimene niidab?

3. Kuidas inimene end tunneb?

4. Miks peab inimene niitma aeglaselt?

5. Milline ilm on?

6. Mida teeb inimene pärast niitmist?

7. Mida kuuleb inimene enne koju minekut?

8. Kes on koos proua Johnsoniga?

9. Miks proua Johnson nutab?

10. Mida ütleb isik proua Johnsonile?

Begrip vragen

1. Hoe laat is het?

2. Waar is de persoon aan het maaien?

3. Hoe voelt de persoon zich?

4. Waarom moet de persoon langzaam maaien?

5. Wat voor weer is het?

6. Wat doet de persoon na het maaien?

7. Wat hoort de persoon voordat hij naar huis gaat?

8. Wie is er bij Mrs Johnson?

9. Waarom huilt Mrs Johnson?

10. Wat zegt de persoon tegen Mrs. Johnson?

Juukselõikuse saamine

Ma olin juba nädalaid tahtnud juuksurile minna, kuid kuidagi õnnestus mul seda alati edasi lükata. Aga kuna **jõulud on** kohe nurga taga, teadsin, et ei saa seda enam edasi lükata. Ma ei tahtnud ilmuda oma pere jõuluõhtusöögile räpase välimusega. Nii et jõuluhommikul läksin varakult salongi. Kuigi oli vara, oli salong juba hõivatud teiste inimestega, **kes olid** pühadeks juukseid tegemas. Võtsin oma koha järjekorras ja ootasin oma järjekorda. Lõpuks oli minu kord toolis. Stilist, sõbralik naine nimega Jill, küsis minult, mida ma soovin. "Lihtsalt trimmi, mitte midagi liiga drastilist," vastasin. Jill asus tööle, lõigates mu juukseid. Kui ta töötas, hakkasin ma lõdvestuma. Tundus hea, et ma lõpuks ometi hoolin enda eest. Olin viimasel ajal nii palju tööd teinud, jooksnud ringi, hoolitsedes kõigi teiste eest, et olin lasknud omaenda vajadused kõrvale jätta. Aga **enam** mitte. Nüüdsest peale võtsin ma endale aega.

Kui Jill oli lõpetanud, vaatasin peeglisse ja olin rahul sellega, mida nägin. Mu juuksed nägid välja korrastatud ja lihvitud - ideaalsed pühade puhul. Ma **tänasin** Jilli ja panin **endale kirja,** et tuleksin sagedamini tagasi. Nüüdsest peale hoolin ma eelkõige enda eest. Ta asus

Naar de kapper

Ik wilde al weken naar de kapper, maar op de een of andere manier kon ik het steeds uitstellen. Maar met **Kerstmis voor de deur**, wist ik dat ik het niet langer kon uitstellen. Ik wilde niet op het kerstdiner van mijn familie verschijnen als een smerige puinhoop. Dus, vroeg op kerstochtend, ging ik naar de salon. Hoewel het nog vroeg was, was de salon al druk bezig met andere mensen **die** hun haar lieten doen voor de feestdagen. Ik nam plaats in de rij en wachtte op mijn beurt. Eindelijk was het mijn beurt in de stoel. De styliste, een vriendelijke vrouw die Jill heette, vroeg me wat ik wilde. “Gewoon een knipbeurt, niets te drastisch,” antwoordde ik. Jill ging aan de slag en knipte mijn haar weg. Terwijl ze werkte, begon ik te ontspannen. Het voelde goed om eindelijk voor mezelf te zorgen. Ik had het de laatste tijd zo druk gehad met voor iedereen te zorgen, dat ik mijn eigen behoeften aan de kant had laten liggen. Maar **nu** niet **meer**. Van nu af aan, zou ik tijd voor mezelf maken.

Toen Jill klaar was, keek ik in de spiegel en was blij met wat ik zag. Mijn haar zag er netjes en gepolijst uit-perfect voor vakantie bijeenkomsten. Ik **bedankte** Jill en maakte een notitie om vaker terug te komen.

mu juukseid kärpima. Mõtlesin, kui tänulik olin, et olin lõpuks ometi jõudnud juuksurile minna. Oli hea teada, et näen **jõuluõhtusöögiks** esinduslik välja. Enam ei pidanud ma muretsema, et mu perekond kiusab mind mu "räpase" välimuse pärast. Mõne minuti pärast oli stilist mu juukseid viimistlenud ja föönitas mind kiiresti. Vaatasin peeglisse ja olin rahul sellega, mida nägin - puhas välimus, mis sobiks ideaalselt jõuluõhtusöögiks. Nüüd, kui mu juukselõikus oli tehtud, võisin keskenduda pühade nautimisele koos perega. Ja olin selle eest veelgi tänulikum.

See tundus nii **vabastav** ja mulle meeldis, kuidas mu uus soeng välja nägi. Pärast seda, kui olin juukselõikuse eest maksnud, läksin koju ja hakkasin reisiks pakkima. Ma **ei suutnud** ära oodata, et oma uut välimust oma perele ja sõpradele näidata. Ma teadsin, et nad oleksid üllatunud, kui nad mind näeksid. Lennupäeval jõudsin lennujaama, kus mul oli piisavalt aega. Läksin probleemideta läbi turvakontrolli ja peagi olin juba teel. Niipea, kui ma sihtkohta jõudsin, tundsin õhus valitsevat põnevust. Jõulud olid kindlasti õhus! Mu pere oli mind lennujaamas tervitamas ja nad kõik olid mu uue juukselõikuse üle üllatunud.

Van nu af aan zal ik in de eerste plaats voor mezelf zorgen. Ze begon aan mijn haar te knippen. Ik dacht eraan hoe dankbaar ik was dat ik er eindelijk aan toe was gekomen om mijn haar te laten knippen. Het voelde goed om te weten dat ik er toonbaar uit zou zien voor **het kerstdiner**. Ik hoefde me geen zorgen meer te maken dat mijn familie me zou plagen over mijn “smerige” uiterlijk. Na een paar minuten was de styliste klaar met het knippen van mijn haar en föhnde ze me snel. Ik keek in de spiegel en was blij met wat ik zag: een strak geknipt kapsel dat perfect zou zijn voor het kerstdiner. Nu mijn kapsel achter de rug was, kon ik me concentreren op de feestdagen met mijn gezin. En daar was ik nog dankbaarder voor.

Het voelde zo **bevrijdend**, en ik hield van de manier waarop mijn nieuwe kapsel eruit zag. Nadat ik voor mijn kapsel had betaald, ging ik naar huis en begon ik in te pakken voor mijn reis. Ik **kon niet** wachten om mijn nieuwe look aan mijn familie en vrienden te tonen. Ik wist dat ze verrast zouden zijn als ze me zouden zien. Op de dag van mijn vlucht kwam ik ruim op tijd aan op de luchthaven. Ik ging zonder problemen door de beveiliging en al snel was ik op weg. Zodra ik op mijn bestemming aankwam, kon ik de opwinding in de lucht voelen. Kerstmis hing zeker in de lucht! Mijn familie was er om me op de luchthaven te begroeten, en ze waren allemaal verbaasd over mijn nieuwe kapsel.

Arusaamise küsimused

1. Mida pidi peategelane enne jõule tegema?

2. Kuidas tundis peategelane, kuidas ta enda eest hoolitses?

3. Kes trimmis peategelase juukseid?

4. Miks peategelase perekond teda kiusab?

5. Kuidas tundis peategelane end pärast juukselõikuse saamist?

6. Mida tegi peategelane pärast seda, kui ta sai oma juukseid lõigatud?

7. Kuidas reageeris peategelase perekond tema juukselõikusele?

8. Mida tegi peategelane jõuluõhtul?

9. Mis tegi peategelase kogemuse erilisemaks?

10. Mis juhtuks, kui peategelane ei saaks juukseid lõigata?

Begrip vragen

1. Wat moest de hoofdpersoon doen voor Kerstmis?

2. Hoe vond de hoofdpersoon het om voor zichzelf te zorgen?

3. Wie heeft het haar van de hoofdpersoon geknipt?

4. Waarom ging de familie van de hoofdpersoon haar plagen?

5. Hoe voelde de hoofdpersoon zich nadat ze naar de kapper was geweest?

6. Wat heeft de hoofdpersoon gedaan nadat ze naar de kapper is geweest?

7. Wat was de reactie van de familie van de hoofdpersoon op haar kapsel?

8. Wat deed de hoofdpersoon op kerstavond?

9. Wat maakte de ervaring van de hoofdpersoon specialer?

10. Wat zou er gebeuren als de hoofdpersoon niet naar de kapper zou gaan?

Park

Päike oli loojumas ja park oli tühi. Istusin pingil ja ootasin oma **sõpra**. Meil oli plaanis siin tund aega tagasi kohtuda, kuid ta jäi alati hiljaks. Just siis, kui olin just loobumas ja koju minemas, nägin teda minu poole jooksmas. “Mul on nii kahju,” ohkas ta pingile jõudes. “Mu rong **hilines**.” “See on okei,” ütlesin ma **andestavalt**. “Ma ise just jõudsin siia.” Me istusime maha ja vestlesime mõnda aega, rääkides üksteise elust alates viimasest kohtumisest. Vestlus kulges **kergesti** ja tundus, et viimasest kokkusaamisest ei ole üldse aega möödunud. Kui päike loojus, jätsime hüvasti ja läksime oma teed. Järgmine kord kohtusime teises pargis. Ta oli jälle hiljaks jäänud, kuid mind ei häirinud see. Oli tore, et oli keegi, kellega rääkida, kes mind **mõistis.** Me rääkisime oma unistustest ja **püüdlustest**, asjadest, mida me tahtsime oma eluga teha. Ta rääkis mulle oma plaanidest reisida mööda maailma ja mina jagasin oma unistust saada kirjanikuks. Kui päike loojus, jätsime veel kord hüvasti, lubades seekord ühendust hoida.

Aastad möödusid ja meie **sõprus** jäi tugevaks, kuigi me elasime nüüd erinevates riigiosades. Me hoidsime ühendust kirjade ja aeg-ajalt telefonikõnede kaudu, jagades üksteisega uudiseid oma elust. Kui ta

Het park

De zon ging onder, en het park was leeg. Ik zat op het bankje te wachten op mijn **vriendin**. We hadden hier al een uur geleden afgesproken, maar ze was altijd te laat. Net toen ik het wilde opgeven en naar huis wilde gaan, zag ik haar naar me toe rennen. "Het spijt me zo," hijgde ze toen ze de bank bereikte. "Mijn trein **had vertraging**." "Het is goed," zei ik **vergevingsgezind**. "Ik ben hier net zelf." We gingen zitten en praatten een poosje, praatten bij over elkaars leven sinds we elkaar voor het laatst zagen. Het gesprek verliep **vlot**, en het leek alsof er helemaal geen tijd was verstreken sinds we elkaar voor het laatst hadden gezien. Toen de zon onderging, namen we afscheid en gingen onze eigen weg. De volgende keer dat we elkaar zagen, was in een ander park. Weer was ze te laat, maar dat vond ik niet erg. Het was fijn om iemand te hebben om mee te praten die me **begreep**. We spraken over onze dromen en **aspiraties**, dingen die we wilden doen met ons leven. Zij vertelde me over haar plannen om de wereld rond te reizen, en ik deelde mijn droom om schrijfster te worden. Toen de zon weer onderging, namen we afscheid van elkaar en beloofden we elkaar dit keer te blijven zien.

Jaren gingen voorbij, en onze **vriendschap** bleef sterk,

teatas, et kavatseb abielluda, ei olnud ma **üllatunud** - ta oli alati olnud **seiklushimuline** tüüp. Aga kui ta küsis minult, kas ma oleksin tema pruutneitsi tema pulmatseremoonial, mis toimub minu elukohast teisel pool maakera... see nõudis veenmist! Lõpuks ei saanud ma siiski lasta oma parimal sõbrannal abielluda ilma minuta tema kõrval, nii et vaatamata oma hirmudele (ja pärast tema palvetamist) **olin nõus** minema kaasa, mis osutus elu suurimaks **seikluseks.**

Lõpuks saabus **pulmapäev.** Olin närvis, kuid põnevil, et võin olla osa nii olulisest hetkest oma sõbra elus. Tseremoonia oli ilus ja ta nägi õnnelik välja, kui ta oma tõotusi ütles. **Pärast seda** tähistasime seda suure peoga - tundus, et kõik tema tuttavad olid tulnud temaga koos pidutsema! See oli **maagiline** päev, mida ma ei unusta kunagi, ja meie sõprus kasvas pärast seda seiklust ainult tugevamaks. Nüüd, aastaid hiljem, hoiame ikka veel ühendust. Me mõlemad oleme pärast esimest kohtumist palju **muutunud, kuid** meie sõprus on sama tugev kui kunagi varem.

ook al woonden we nu in verschillende delen van het land. We hielden contact door middel van brieven en af en toe telefoontjes, waarbij we nieuws over ons leven met elkaar deelden. Toen ze aankondigde dat ze ging trouwen, was ik niet **verbaasd** - ze was altijd al een **avontuurlijk** type geweest. Maar toen ze me vroeg of ik haar bruidsmeisje wilde zijn op haar huwelijksceremonie, dat halverwege de wereld zou plaatsvinden, van waar ik woonde... daar was wel wat overtuigingskracht voor nodig! Maar uiteindelijk kon ik mijn beste vriendin niet laten trouwen zonder mij aan haar zijde, dus ondanks mijn angsten (en na veel smeken van haar!) **stemde** ik ermee in om mee te gaan op wat het **avontuur** van mijn leven bleek te zijn.

De dag van de **bruiloft was** eindelijk aangebroken. Ik was nerveus, maar opgewonden om deel uit te maken van zo'n belangrijk moment in het leven van mijn vriendin. De ceremonie was prachtig, en ze zag er gelukkig uit toen ze haar geloften aflegde. **Daarna** vierden we het met een groot feest - het leek wel of iedereen die ze kende was gekomen om het met haar te vieren! Het was een **magische** dag die ik nooit zal vergeten, en onze vriendschap is na dat avontuur alleen maar sterker geworden. Nu, jaren later, houden we nog steeds contact. We zijn allebei veel **veranderd** sinds we elkaar voor het eerst ontmoetten, maar onze vriendschap is nog even sterk als altijd.

Arusaamise küsimused

1. Kus kohtusid autor ja tema sõber esimest korda?

2. Miks hilines autori sõber nende kohtumisele?

3. Millest rääkisid sõbrad, kui nad aastaid hiljem uuesti kohtusid?

4. Kuidas tundis autor oma sõbra pulmatseremoonial osalemist?

5. Kirjeldage pulmatseremoonia toimumiskohta.

6. Kuidas on kahe naise vaheline sõprus aja jooksul muutunud?

7. Mis on autori unistus?

8. Kuhu kavatseb autori sõber reisida?

9. Miks kõhkles autor oma sõbra pulmatseremoonial osaleda?

Begrip vragen

1. Waar hebben de auteur en haar vriendin elkaar voor het eerst ontmoet?

2. Waarom was de vriend van de auteur te laat op hun afspraak?

3. Waar hadden de vrienden het over toen ze elkaar jaren later weer ontmoetten?

4. Hoe vond de schrijfster het om de huwelijksceremonie van haar vriendin bij te wonen?

5. Beschrijf de omgeving van de huwelijksceremonie.

6. Hoe is de vriendschap tussen de twee vrouwen in de loop der tijd veranderd?

7. Wat is de droom van de auteur?

8. Waar is de vriend van de schrijver van plan heen te reizen?

9. Waarom aarzelde de schrijfster om de huwelijksceremonie van haar vriendin bij te wonen?

www.ingramcontent.com/pod-product-compliance
Lightning Source LLC
LaVergne TN
LVHW010601160826
845677LV00013B/3209

* 9 7 9 8 8 4 7 9 9 7 4 4 7 *